RÉFUTATION
D'UN OUVRAGE
DE M. RIZZI-ZANNONI,

INTITULÉ:

Dissertation sur différens points de Géographie, & d'un autre qui a pour titre: *Eclaircissemens historiques sur un fait littéraire.*

Par M. BONNE, Maître de Mathématiques, Ingénieur Géographe.

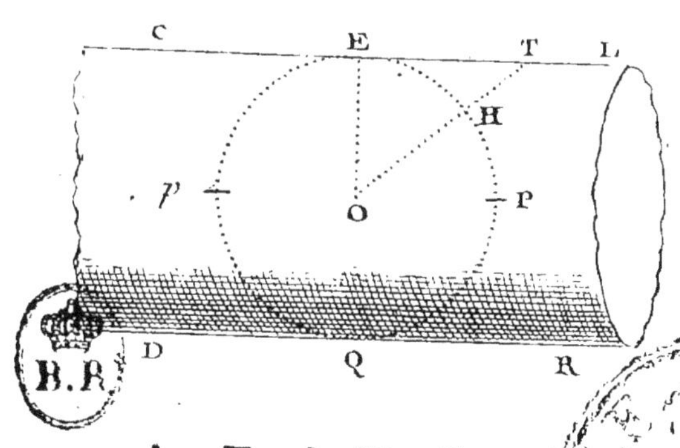

A PADOUE,
Chez M. RIXA, à l'Enveloppe Cylindrique.

M. DCC. LXV.

RÉFUTATION

D'un Ouvrage de M. RIZZI-ZANNONI, *intitulé :* Dissertation sur différens points de Géographie, *& d'un autre qui a pour titre :* Eclaircissemens historiques sur un fait littéraire.

IL est toujours fâcheux d'avoir à répondre à des Libelles injurieux. J'avois résolu de garder le silence sur ceux de M. Zannoni ; mais d'autres personnes que moi y étoient intéressées. L'on m'a fait observer que le Public avoit été frappé par des allégations fausses & injurieuses, & que je ne devois pas laisser subsister de pareilles impressions. Que M. Zannoni ne s'en prenne donc qu'à lui-même si je suis obligé de m'exprimer d'une maniere qui ne peut être vraie sans être désagréable pour lui.

Il copia l'année derniere une Carte des côtes de France, que j'avois dressée quinze mois auparavant *. Il fit graver sur sa copie un avertis-

* Il est très important pour la suite de remarquer que je n'ai pas construit cette Carte pour les Navigateurs. Les morceaux qui la composent ont trop peu d'étendue pour qu'elle leur soit commode. Lorsque l'idée de la dresser me vint, chacun avoit les yeux tournés vers la Marine. Je crus servir le Public, en lui offrant, dans ces circonstances, un détail paratif & curieux de nos côtes.

ſement où il montra de l'humeur contre l'applatiſſement de la Terre, auquel j'avois eu égard. Lorſqu'on annonça ſa Carte, l'avertiſſement qui s'y trouve fut inſéré dans quelques-uns de nos Ouvrages périodiques. S'il eût gardé le ſilence ſur ce plagiat, je l'aurois toujours ignoré. L'indécence de ſon procédé fut cauſe que je m'en plaignis. Il a été ſi mécontent de cette plainte équitable & modérée, qu'il a fait récemment, contre moi, une brochure intitulée: *Diſſertation ſur différens points de Géographie.*

Son Ouvrage eſt diviſé en deux parties. Dans la premiere, il tâche de perſuader qu'on ne peut avoir égard à l'applatiſſement de la Terre dans les Cartes de Géographie; & dans la ſeconde, il voudroit bien faire croire qu'il n'a pas copié le *petit Atlas maritime des côtes de France.* J'aurois deſiré pouvoir auſſi me borner à deux Sections dans ce que j'ai à lui oppoſer. Mais il ſe trouve des écarts conſidérables dans chacune de ſes diviſions: il y attaque ſur-tout deux de mes Cartes; c'eſt pourquoi je n'ai pu me diſpenſer d'ajouter ici une troiſieme Section, dans laquelle, en examinant la ſolidité de la critique de mon Adverſaire, j'aurai une occaſion naturelle de faire des remarques ſur quelques-unes de ſes productions.

On trouve d'un bout à l'autre de l'Ouvrage de M. Zannoni, des injures atroces, des imputations groſſieres, des qualifications odieuſes *de frelon, d'impoſteur, d'ignorant, de menteur, d'impudent, d'applatiſſeur de globes, de charlatan, de ſéducteur, de brigand, de corſaire, de trompeur, de mercenaire, de calomniateur, d'aveugle, de pédant, &c. &c.* Je n'ai rien à répondre à toutes ces épithetes bourbeuſes. Elles me donnent, je le sais, le droit de me conduire à son égard sans aucun ménagement; mais j'userai de ce droit avec discrétion, de maniere que s'il se rencontre ici quelques expressions vives, il n'ait pas à s'en plaindre; elles seront toujours des conséquences naturelles des vérités que j'opposerai aux raisons qu'il prétend alléguer contre moi.

PREMIERE SECTION.

Qu'il est facile d'avoir égard à l'applatissement de la Terre dans les Cartes de Géographie, & qu'il seroit avantageux d'en tenir compte pour atteindre à une plus grande précision.

J'ai adopté l'hypothèse sur l'applatissement de la Terre, que favorisent le plus les mesures & la théorie. Si ce n'étoit pas le parti le plus sûr, c'est au moins celui qui m'a paru le plus sage. On ne circonscrit point, par cette marche prudente, une courbe aux travaux de nos Géometres: mais le cas extrême qu'on fait de leurs mesures engage à s'en servir pour résoudre par approximation le problême qu'on se propose, & dont la solution doit être d'autant plus exacte, qu'il y sera entré plus de données. Le Sieur Zannoni voit là un cercle vicieux. Il n'a, selon toutes les apparences, pas assez de lumieres acquises pour bien voir; car *on ne veut pas*, comme il le prétend, *des observations pour résoudre un problême qui, par l'hypothèse, est déja résolu*;

mais on emploie ſeulement les meſures pour corriger la ſolution hypothétique, & la rapprocher autant qu'on pourra de la vérité.

Quel uſage plus raiſonnable ſouhaiteroit-il que l'on fît des travaux de nos Géometres ? Il eſt vrai que par le moyen des interpolations, il étoit poſſible de ne s'écarter aucunement des meſures; mais la loi des accroiſſemens des degrés du méridien devenoit alors fort compliquée & vraiſemblablement fauſſe; car on auroit ſuppoſé aux obſervations aſtronomiques & aux opérations géométriques, une préciſion rigoureuſe à laquelle il n'eſt guere poſſible d'atteindre: ſans avoir égard à la théorie qu'il n'eſt pas permis de négliger, du moins entierement. D'un autre côté, ſi on eût adopté l'applatiſſement donné par Newton, qui ſuppoſe la Terre homogène, tandis qu'il eſt très-probable qu'elle ne l'eſt pas, on ſe ſeroit beaucoup trop éloigné des meſures. Dans cette perplexité faut-il donner à chaque degré du méridien une même valeur moyenne entre les différentes indications, & continuer à ſuppoſer la Terre ſphérique? Cela ſeroit commode: mais on peut mieux faire. Conſervons pour cela les accroiſſemens des degrés du méridien proportionnels aux quarrés des ſinus de latitude, conformément à la théorie; & comme elle ne peut pas donner le rapport du diametre de l'équateur terreſtre à ſon axe, à cauſe que la diſpoſition & la denſité des couches intérieures de notre planette ſont inconnues, donnons-lui l'applatiſſement qui favoriſera le plus les meſures, en leur faiſant éprouver à chacune de très petites corrections proportionnelles à l'amplitude des arcs. On fera par ce moyen entrer dans cette ſolution deux élémens qui paroiſſent également probables, & qui avoient le même droit d'y être admis. Dans cette hypothèse le diametre de l'équateur terrestre est à son axe, comme 254 est à 253 ; & c'est le parti que j'ai pris avec confiance.

Ensuite, sans avoir égard à la théorie, j'ai cherché quelle seroit la fonction des sinus de latitude qui donneroit aux mesures la moindre atteinte possible, en leur faisant, comme ci-devant, des corrections proportionnelles à l'amplitude des arcs. Dans l'hypothèse que la théorie m'a fait adopter ci-devant, il a fallu diminuer un peu le premier degré de latitude ; au contraire, j'ai été obligé dans le cas présent de rendre ce premier degré un peu plus grand que les opérations géométriques ne l'ont donné ; & j'ai trouvé que la puissance 2,55 de ces sinus étoit celle qui altéroit le moins les mesures. Comme cette fonction ne change rien à l'arc du méridien qui traverse la France donnée par la premiere loi, & n'augmente que de 7 toises le degré du cap, il m'a paru qu'une si légere différence ne devoit pas faire abandonner la théorie.

J'avois prouvé dans l'*Analyse de la Mediterranée* la possibilité d'une erreur de 4 secondes à haque extrémité d'un arc du méridien mesuré sur la Terre ; & ce sont là les limites étroites entre lesquelles sont renfermées les erreurs que j'ai été obligé de supposer aux mesures. Qu'on me montre, s'il est possible, une hypothèse qui ait un moindre inconvénient, & je l'adopte aussitôt.

L'applatissement dont il s'agit n'est pas considérable, mais il existe; son influence sur les cartes est sensible, & j'y ai eu égard dans les miennes; l'accueil que le Public leur a fait semble prouver qu'il en a été content. M. Zannoni, à qui je n'ai pas voulu déplaire, en eſt fâché.

N'eſt-ce pas, dit-il, *pouſſer la ſpéculation au-delà des beſoins de la pratique, ou même au-delà de ce que la pratique peut atteindre, que de régaler la France de Cartes où l'on a eu égard à l'applatiſſement de la Terre? Cet extérieur mathématique n'eſt propre qu'à en impoſer au Public ſans l'inſtruire, & qu'à augmenter les difficultés d'une ſcience, ſans l'avancer davantage.* Mais ſait-il juſqu'à quel point la pratique de la Navigation ſe perfectionnera? D'ailleurs » dans les ſciences » mixtes une partie doit-elle perdre tout le mé» rite de ſon exactitude, parceque d'autres par» ties ne ſont pas ſuſceptibles d'être également » perfectionnées? Parcequ'il eſt difficile de pren» dre hauteur ſur mer, faudroit-il ſe ſervir d'un » quart de cercle, dont la diviſion porteroit un » demi degré d'erreur? Voudroit-on naviger ſur » une Carte dont la longueur auroit peut-être » un pouce de trop, proportionnellement à la » largeur »? * Reſſerrons donc toujours dans les bornes les plus étroites que nous pourrons, les erreurs auxquelles les projections de nos Cartes ſont ſujettes: il ne reſtera encore ſur ces Cartes que trop d'autres défauts inévitables juſqu'à préſent, qui donneront de l'exercice aux Géographes actuels, & à leurs deſcendans.

Les calculs où cet applatiſſement jette, avois-je répondu à l'avertiſſement de M. Zannoni, euſſent-ils les difficultés qu'il leur trouve, elles

---

* *M. Murdoch*, Tab. Lox. Ce Savant Anglois ſavoit déja que quelques eſprits faux viendroient heurter de front l'emploi judicieux qu'on peut faire de l'applatiſſement de la Terre dans la Géographie.

feroient nulles, lorfqu'il s'agit de mieux faire. » *Votre principe eft vrai*, replique-t-il, *mais* » *ne me prêtez pas vos idées* ». Si les difficultés de la Géographie, qu'il prétend qu'on augmente par un tel moyen, ne tiennent point à des calculs préliminaires, comme j'avois cru devoir l'inférer de *cet extérieur mathématique* dont il parle, & qui, felon lui, *n'eft propre qu'à augmenter les difficultés d'une fcience fans l'avancer davantage*, j'avoue ingénuement que je ne l'entends pas; je n'ai point du refte eu intention de lui prêter mes idées, il fait bien les prendre fans cela.

» Cet Auteur dit vainement (avois-je ajouté dans l'Avant-Coureur) » qu'il s'eft fervi d'autres » Cartes que de celles du petit Atlas maritime » des côtes de France. Je l'invite à corriger cette » méprife; elle pourroit faire préfumer qu'il » veut en *impofer au Public* ». Ces repréfailles modérées ont fâché mon Adverfaire. *Ce font les Applatiffeurs de globes*, dit-il poliment, *ce font les Charlatans, M. Bonne, qui cherchent à en impofer au Public; ils ont befoin de fon argent.* Je pourrois facilement, en cette occafion, me venger d'une maniere amere; mais je me garderai bien de proftituer ma plume à un fi vil plaifir.

C'eft aux Académies, c'eft aux Savans qui les compofent, dit-il, *que j'adreffe mes réflexions; ils font les véritables Juges de ces matieres, perfonne ne peut les recufer. M. Bonne, que je traduis à ce Tribunal fuprême, fera fans doute le feul qui s'en plaindra, fon intérêt l'exige.* De tels Juges font au contraire autant à mon gré, M. Zannoni, que fi j'en avois fait choix le premier. Les matieres dont il s'agit ressortissent naturellement à ces illustres Compagnies. Aussi plus j'examine ma cause, mieux j'en augure. La position la plus avantageuse au bon droit est d'avoir affaire à des Juges integres & éclairés. Mais, quant à vous, comment oserez-vous balbutier devant ces hommes habiles ? Commencez, & prenez un ton aussi assuré que si vous alliez apprendre au monde entier une vérité importante.

Quelle est donc cette méthode qui apprend au Géographe la rectification des degrés de longitude & de latitude, la rectification des courbes loxodromiques, *& le développement d'un chassis hydrographique ? C'est celle qui suppose* UN SPECTATEUR *au centre d'une sphere;* & DONT LES RAYONS VISUELS, CONDUITS DE SON ŒIL A TOUS LES POINTS DE L'ENVELOPPE CYLINDRIQUE DE CETTE SPHERE, *y projettent les méridiens & les paralleles en lignes droites*, & EN CONSERVANT TOUJOURS LES MESMES PROPORTIONS QUE SUR LE GLOBE. Si M. Zannoni eût eu la plus simple notion des Cartes réduites, il auroit apperçu que sa méthode feroit les arcs du méridien, à compter de l'équateur, proportionnels aux tangentes des latitudes, tandis qu'ils suivent un rapport très différent.

En effet, que *p* E P Q représente la terre, & C L D R le cylindre circonscrit de mon Adversaire, si l'on trace perpendiculairement à C L le rayon O E, il sera le demi diametre de l'équateur; on le prendra pour sinus total. Que l'on mene ensuite du centre O, & par un point quelconque H du méridien, la droite O H prolongée jusqu'à la rencontre du cylindre en T, la ligne E T par laquelle M. Zannoni représente l'arc du méridien sera d'abord évidemment la tangente du même arc. *Voy. la fig. au frontisp.*

Les degrés de latitude sont cependant, dans les Cartes dont nous parlons, augmentés dans le même rapport que ceux de longitude, c'est-à-dire dans la raison inverse des cosinus de latitude, ou dans la directe des sécantes; ensorte que leur augmentation continuelle doit être ici représentée par la sécante OT, laquelle ne représente nullement l'augmentation continuelle des tangentes correspondantes.

Ce fut Edouard Wight qui, selon que nous l'apprennent les Transactions philosophiques, N.° 219, découvrit cette proportion des accroissemens continus des minutes du méridien avec les sécantes de latitude. Cet homme de génie publia ses recherches en 1599: ainsi il y a 166 ans qu'il est démontré que l'usage que M. Zannoni fait de l'enveloppe cylindrique ne vaut rien; & en consultant le N.° cité, il auroit vu de quelle maniere cette invention utile se perfectionna, comment le D. Halley fut déduire de la logarithmique spirale, que les méridiens des Cartes réduites sont des échelles de tangentes logarithmiques des demi complémens des latitudes, & des recherches ultérieures lui auroient appris que M. Cotes démontra la même chose par sa méthode des rapports (*Harmon. mensur.*); que M. Bouguer arriva aussi à la même conclusion par une voie différente (*Traité de Nav.*); qu'enfin M. Georges Campbel atteignit encore au même but, & n'employa pour cela qu'un seul Lemme assez simple (*Nouv. Tab. lox. de M. Murd*). Ensorte que voilà, de compte fait, cinq hommes célebres qui aboutissent à une même conclusion par cinq voies différentes; & cette conclusion dément, on ne peut pas mieux, celle de mon Adversaire.

Il n'étoit pas nécessaire qu'il mît dans sa Dissertation, *en caracteres italiques*, cette bévue énorme : elle est assez remarquable pour qu'on l'eût apperçue sans cette précaution. Afin de la lui mieux faire sentir, cette bévue insigne, je l'avertirai que, dans la projection des Cartes marines, les loix de l'Optique qui lui ont fait illusion sont nécessairement violées à chaque latitude, & il n'auroit pas dû l'ignorer. Avant de prétendre donner des leçons aux hommes, on devroit du moins apprendre ce qu'on veut leur enseigner. Je lui rappellerai encore ce dont il convient lui-même, que l'unique but qu'on se propose dans la construction des Cartes réduites est d'y rectifier les courbes loxodromiques, en facilitant par-là au Pilote la mesure du sillage ; & je le prierai en même tems d'observer qu'au moyen de l'usage qu'il fait de son enveloppe cylindrique, il donne continuellement pour projection d'un parallele celle d'un autre ; que par conséquent il ne rectifie point dès-lors les loxodromies, & manque ainsi entierement le vrai but qu'il se propose. Ah ! qu'il est heureux ce M. Zannoni, de ne rien entendre à la Géométrie ! La moindre connoissance de cette science lui auroit appris que l'usage qu'il fait de l'enveloppe cylindrique de la sphere est d'une absurdité que le commençant le plus borné n'auroit pas manqué d'appercevoir.

Je desirerois que mon Adversaire s'appliquât à moins de choses, & qu'il les apprît mieux ; qu'il fixât la légereté de son esprit pour mettre plus d'exactitude & de profondeur dans ses connoissances. Tel, d'un coup d'œil sûr, peut voir tous les rapports qui regnent dans un vaste édifice, tel autre doit traîner lentement sa pesante réflexion autour d'une colomne avant de saisir les rapports de ses différentes parties.

M. Richer découvre, dit-il, *à Cayenne, en 1672, que la pesanteur étoit plus petite dans cette Isle, voisine de l'équateur, qu'elle n'est en France, dont la terre est applatie vers les poles. Cette conclusion est certaine.* Oui, la conclusion est certaine, mais la conséquence n'est pas juste ; & je pense en tout si différemment du Sieur Zannoni, que je me trouve ici obligé de le combattre jusque dans une chose où je suis de son avis.

L'observation de M. Richer prouve, à la vérité, l'applatissement de la Terre, mais c'est parceque le raccourcissement du pendule s'y trouve plus grand qu'il ne seroit en effet sur une sphere, dans les hypothèses les plus probables sur l'arrangement & la densité des couches qui la composeroient. Quand bien même la Terre auroit une forme sphérique, ou même allongée, les corps situés à sa surface, vers l'équateur, seroient toujours plus éloignés de l'axe, que ceux qui avoisineroient les Pôles. Ceux-ci auroient donc une moins grande force centrifuge que ceux-là, & la pesanteur seroit par conséquent moindre sous l'équateur ; ensorte que ce n'est pas précisément la diminution de la pesanteur à l'équateur, mais la quantité de cette diminution qui prouve ou, pour mieux dire, rend très-probable l'applatissement de la Terre vers les Pôles.

La seule maniere parfaitement certaine de s'assurer du fait, étoit d'en juger par des mesures actuelles, nos Astronomes les ont exécutées avec ſes attentions les plus ſcrupuleuſes; & ces meſures ont confirmé avec certitude ce que la théorie n'oſoit annoncer qu'avec crainte.

Les accroiſſemens du pendule doivent, conformément à la théorie, ſuivre, tant dans la ſphere que dans les ſphéroïdes peu différens, la raiſon des quarrés des ſinus de latitude; & ſi mon Adverſaire trouve les obſervations peu d'accord avec cette loi, c'eſt qu'il donne à celles qui ont été faites ſur ce ſujet, & qui ne ſauroient jamais être autre choſe que des approximations plus ou moins voiſines du but où la nature atteint conſtamment, une préciſion à laquelle on ne parviendra jamais *, & qu'indépendamment de cela, ſon calcul, ſur cette matiere, porte à faux, en ce qu'il veut réſoudre une regle de trois, dans laquelle il ne fait entrer que deux termes connus.

Qu'on recueille avec ſoin les obſervations faites ſur différens endroits de la Terre; qu'on y faſſe les corrections qu'exigent l'élévation au-deſſus du niveau de la mer, le degré de chaleur, la réſiſtance inégale de l'air, l'amplitude des arcs décrits, &c. Si après ces attentions indiſpenſables, on veut avoir la longueur du pendule à un lieu donné, comme Paris, on fera cette proportion. Le quarré du ſinus de latitude à Pello, par exemple, ſitué en Laponie, à 66.° 48, eſt au quarré du ſinus de latitude de Paris, ſitué à 48.° 51, comme l'excès du pendule à Pello, ſur celui de l'équateur, eſt à l'excès du pendule de Paris, auſſi ſur celui de

---

* M. de Mairan, par exemple, a trouvé que la longueur du pendule qui bat les ſecondes à Paris étoit de 440, 57 lign. & M. de la Caille le trouve plus court de 0, 02 lignes.

l'équateur. Le log. du quarré du ſinus de 66.° 48′ = 0,92676, le log. du quarré du ſinus de 48.° 51′ = 0,75358, la longueur du pendule, à Pello, eſt de 441,17 lign., & à l'équateur de 439,21, leur différence = 1,96 lign. le log. de cette différence = 0,29226; ainſi la proportion géométrique précédente ſe changera en la proportion arithmétique ſuivante: 0,92676; 0,75358 : 0,29226; x = 0,11908, qui eſt le logarith. de 1,32 lignes, excès du pendule de Paris ſur celui de l'équateur: la longueur, à Paris, du pendule calculé eſt donc de 439,21 + 1,32 = 440,53, laquelle ne differe de celle qu'a obſervé ſcrupuleuſement M. l'Abbé de la Caille que de $\frac{1}{50}$ de ligne; & cette différence ſeroit encore moindre ſi, avant d'employer les obſervations précédentes dans le calcul, on leur eût fait d'une maniere convenable toutes les corrections néceſſaires: mais j'ai cru, en cette occaſion, devoir les prendre telles que mon Adverſaire les indique.

On arrivera toujours, d'après cette proportion donnée par la théorie, à une telle exactitude, qu'il ne ſe trouvera jamais entre de bonnes obſervations & le réſultat du calcul de différences qu'on ne puiſſe attribuer à ces dernieres.

Quand M. Zannoni fera mal-adroitement la différence entre le pendule en Laponie, & celui de Paris, plus courte d'une dixieme partie que ne la donnent les obſervations, il eſt tout ſimple qu'il trouvera dans les réſultats de ſon calcul les erreurs qu'il y a fait entrer ſans s'en appercevoir; mais de tels défauts ne ſont ni dans la loi connue des accroiſſemens, ni dans les obſervations.

Quand bien même ces obſervations ne s'accorderoient pas avec la théorie aussi parfaitement qu'elles s'y accordent en effet; quand bien même les accroissemens observés du pendule exigeroient, pour ne point différer des accroissemens calculés, d'être exprimés par une fonction des sinus de latitude un peu moindre que le quarré, tandis que les accroissemens des degrés semblent au contraire être exprimés par une fonction un peu plus grande de ces mêmes sinus, la théorie n'en seroit que confirmée; car la loi qu'elle donne tient un milieu entre celles qui sont indiquées, tant par les observations du pendule, que par la mesure de différens arcs du méridien: raison bien forte d'assujettir ici à une telle théorie les observations & les mesures, lorsqu'il ne faudra, sur-tout pour cet effet, admettre & corriger dans celles-ci que des erreurs moindres que celles que de bons Observateurs peuvent commettre.

M. Zannoni demande ensuite *pourquoi les méridiens de la Terre sont plutôt une ellipse qu'une autre courbe?* On vient déja de le lui dire; c'est que la théorie l'exige. M. Mac-Laurin a trouvé qu'elle doit avoir la forme d'un sphéroïde elliptique, en supposant même ses parties attirées par les Planettes. M. Clairaut a fait voir qu'elle doit avoir cette figure, soit que les couches qui la composent soient homogènes ou non; & ce célebre Académicien, qui a eu tant de part à ces sublimes spéculations, a de plus prouvé que si les couches de la Terre augmentent de densité en s'approchant du centre, comme il est fort probable que cela est, la Terre est applatie d'une quantité moindre que $\frac{1}{230}$.

Jugez maintenant, M. Zannoni, si je me

suis *laissé séduire par un échafaudage énorme de calcul qui étonne sans instruire, & ne sert que de supplément au génie du Géometre*, & faites du moins attention que le calcul ne peut être le supplément du génie ; que c'est seulement un instrument qui en aide l'essor. En vérité vous ressemblez ici, on ne peut pas mieux, à un enfant qui prendroit de l'humeur autour d'un fardeau qu'il ne pourroit mouvoir.

Il n'y a point de témérité, quoique vous en disiez, à vouloir exprimer l'applatissement de la Terre dans les Cartes. Que le diametre de l'équateur soit à l'axe *, comme 179 est à 178, le premier degré du méridien sera au degré de l'équateur, comme 112 est à 113. La différence entre ces deux degrés fût-elle dix fois moindre, il seroit encore facile au Géometre le moins exercé à la pratique d'en exprimer le rapport par des lignes ; & si l'échelle de la Carte étoit fort petite, rien n'empêcheroit d'embrasser à la fois plusieurs degrés, afin d'exprimer plus facilement l'effet de cet applatissement.

M. Cousin découvrit, il y a quelques années, dit M. Zannoni, *une élégante formule pour projetter un point quelconque de la surface de la Terre, en la supposant formée par la révolution d'une ellipse autour de son petit axe. Je fis usage de cette formule*, continue-t-il, *pour construire un grand chassis géométrique de 64 pieds quarrés, qui représentoit toute l'Europe ; mais la différence dans la courbure des méridiens & des paralleles, & dans la position des lieux placés suivant*

---

* N. B. Je n'emploie pas ici l'applatissement que j'ai cru devoir admettre dans mes Cartes ; il ne seroit d'aucun poids dans ma cause. Je lui ai substitué partout, dans cet ouvrage, celui qui est le plus généralement adopté.

les deux hypothèses aux mêmes latitudes & longitudes, s'est trouvée tout-à-fait insensible au compas. Cependant le degré du méridien à la latitude de 70.° étant dans le sphéroïde plus grand d'environ $\frac{1}{90}$ qu'à la latitude de 35.°, & le degré moyen de mon Adversaire ayant à peu près 33 lig. sur le chassis dont il s'agit, il s'ensuit que sa quantité insensible au compas donne environ 2 lig. sur 5.° vers le haut de sa Carte. Or, la sixieme partie d'un pouce est-elle tout à fait insensible au compas? Elle ne le seroit pas avec la fausse équerre d'un Maçon. Ce n'est donc pas une chimere d'y avoir égard. Mais ce n'est pas encore tout, les rayons de courbure sont alors bien différens de ce qu'ils seroient en la supposant sphérique.

La formule générale qui m'appartient....

$$x = \frac{n(1+qrr)^{\frac{1}{2}}}{(1+qTT)^{\frac{1}{2}}-(1+qtt)^{\frac{1}{2}}}$$ renferme

le rayon de tout parallele, quelle que soit l'inclinaison du plan de projection, par rapport à l'axe de la terre, & soit que notre planette soit une sphere ou un ellipsoïde allongé ou applati. Dans cette formule x est le rayon du parallele, n un très petit arc quelconque du méridien qui passe par le milieu de la Carte; cet arc doit être scrupuleusement évalué en parties de l'échelle qui convient au point du méridien où doit passer le parallele; q est le quarré d'une fraction qui a pour numérateur l'axe de la Terre, & pour dénominateur le diametre de l'équateur; T est la tangente de latitude de l'extrémité du petit arc, n la plus voisine du Pôle, r tangente du milieu de cet arc, & t tangente de l'autre extrémité de ce même petit arc,

La quantité n, que nous supposerons ici d'une minute de latitude, est un peu longue à évaluer en parties de l'échelle variable de la Carte. Pour aider le Lecteur, nous allons en chercher la valeur dans un cas particulier. On supposera le centre de projection du chassis de 64 pieds quarrés par 50.° de latitude, la distance de ce point jusqu'au 70.° seroit, dans la projection stéréographique & dans la sphere, exprimée par la tangente de la moitié de l'arc du méridien compris entre ces deux termes, ou, ce qui revient au même, dans le cas dont il s'agit, par la tangente de 10.°; ainsi la valeur relative de n à 70.° de latitude sera = tang. 10.° 0′ 15″ — tang. 9.° 59′ 45″ = 0, 00015.

La distance du centre de projection jusqu'à 35.° de latitude, où l'on peut supposer le parallele inférieur de la Carte, doit être exprimée par la tangente de la moitié de l'arc du méridien compris entre ces deux points. Cette tangente est celle de 7.° 30′, laquelle = 0, 13165. Comme on peut supposer que la Carte s'étend jusqu'au 72.° de latitude, la distance du centre de projection jusqu'à cette latitude étant de 22.°, elle sera représentée par la tangente de 11.° = 0, 19438. Ajoutant ces deux tangentes, on aura 0, 32603 pour l'étendue relative de la Carte du Sud au Nord.

Le chassis peut être supposé de 8 pieds = 1152 lig. de hauteur absolue; & cela posé, on fera cette proportion. La hauteur relative 0, 32603 de la Carte est à la valeur relative de n = 0, 00015, comme la hauteur absolue 1152 lig. de la Carte est à la valeur absolue de n dans la sphere à 70.° de latitude. On trouvera ici n = 0, 530015 lig. Pour avoir cette valeur dans le sphéroïde, on fera encore cette analogie : le degré de l'équateur est au degré du méridien à la latitude de 70.°, comme la valeur de *n* dans la sphere, qui est 0, 530015 lign., est à la valeur de *n* dans le sphéroïde, qu'on trouvera de 0, 53208 lig. à la latitude proposée.

La constante *q* est dans le sphéroïde supposé = 0, 98883, & le reste de l'opération est facile. Si l'on se donne la peine de l'achever, on trouvera que le rayon du parallele qui passe par 70.° est égal à 10485 lig. dans le sphéroïde, & seulement égal à 10326 lig. dans la sphere ; que par conséquent ces rayons different entre eux de 159 lig. ou de plus de 13 pouces. Or, M. Zannoni pourroit-il nous apprendre si cette diversité de courbure des paralleles dans les deux hypothèses est tout-à-fait insensible au compas ? Pour qu'une telle différence lui soit échappée, il faut qu'il ait abusé étrangement de la formule de M. Cousin.

Pourquoi, dans le cas particulier dont il s'agit, lui fait-il dire que *lorsqu'une solution n'est pas aussi* GÉNÉRALE *qu'elle peut l'être, on doit toujours craindre de s'écarter du but qu'on se propose, que toute hypothèse* PARTICULIERE *doit paroître suspecte, fût-elle même constatée par un grand nombre d'observations ?* Cela revient d'autant moins à notre objet, que je n'ai prétendu atteindre qu'à une solution approchée : je lui laisse au reste le soin de rendre moins obscures les expressions *générale* & *particuliere* dont il se sert.

Quand M. Zannoni supposeroit à la Terre un applatissement un peu moindre que celui qu'on vient d'employer, bien qu'il soit le plus généralement adopté, cette différence des rayons de courbure seroit encore si considérable, qu'elle feroit présumer qu'il pourroit bien n'avoir pas construit la Carte d'Europe de 8 pieds de hauteur, renfermée dans le chassis de 64 pieds quarrés.

On voit dans le Journal étranger, de Septembre 1762, que cette Carte d'Europe seroit antérieure à la date de ce Journal ; & il assure qu'il a été dix-huit mois à la construire. Je le voyois assez souvent, dans ce tems-là, pour avoir eu connoissance d'une telle Carte, s'il y eût travaillé, sur-tout sachant combien il est impatient de se produire. J'ai été plus loin. Je me suis informé aux personnes qui le fréquentoient le plus alors, toutes m'ont assuré qu'il n'a jamais construit de chassis d'Europe de 64 pieds quarrés. En effet, quelle apparence y a-t-il qu'ayant fait annoncer dans nos Ouvrages périodiques nombre de Cartes qui n'ont jamais paru, & auxquelles il y a tout lieu de croire qu'il n'a point travaillé, il eût oublié de faire annoncer une Carte de 64 pieds quarrés, qu'il auroit réellement dressée? Cependant M. Zannoni dit que *cette Carte, & le Mémoire qui l'accompagne, ont été couronnés par les suffrages les plus illustres*. Il auroit été fort à propos d'ajouter quels ont été ces suffrages les plus illustres ; car le monde est si méchant, qu'il pourroit bien penser, & cela avec beaucoup de fondement, que l'Auteur de cet éloge se donne à lui-même de l'encens. Au reste, eût-on dressé cette Carte, & proposât-on cent autres faits plus forts, que pourroient une telle construction & l'allégation de tous les faits du monde contre une démonstration ?

Qu'un Géographe, continue mon Adversaire,

veuille exprimer dans la pratique la théorie des Géometres sur l'applatissement de la Terre; au lieu de bonnes Cartes & de connoissances certaines, il n'offre aux Navigateurs qu'une chimere. Soyez donc d'accord avec vous-même, M. Zannoni. Si, de votre aveu, *la différence dans la position des lieux placés suivant les deux hypothèses, est tout-à-fait insensible au compas*, il est indifférent à la bonté d'une Carte d'employer l'une ou l'autre hypothèse; & les Cartes construites suivant l'une, ne doivent pas plus offrir aux Navigateurs une chimere, que celles qu'on auroit construites selon l'autre. De plus, je crois vous avoir montré directement que l'applatissement de la Terre n'est nullement une chimere en Géographie. La passion qui vous anime vous sert en vérité bien mal.

Il est impossible, ajoute-t-il encore, *de déterminer à la rigueur le vrai rapport qui est entre l'axe de l'équateur & la ligne qui joint les deux Pôles*; il veut dire, sans doute, entre le diametre de l'équateur terrestre & l'axe de la Terre. Je le répéte: on ne peut résoudre ce problême, comme une infinité d'autres, que par approximation. Dans la vue d'éluder ici la force d'une telle solution, M. Zannoni assure 1.° qu'il est *presque convaincu que la Terre n'est point un solide de révolution;* 2.° que *si elle n'en est pas un, l'augmentation de la pesanteur doit varier à chaque élévation du Pôle.* Mais d'abord, quand même la Terre seroit un solide de révolution, la pesanteur n'y varieroit-elle pas toujours à chaque latitude? Et n'est-ce pas là un effet nécessaire de la force centrifuge?

Quant à la premiere partie de cette assertion, M. Zannoni ne prétend sans doute pas y parler de ces inégalités que produisent sur la terre les montagnes & les vallées qu'on y connoît, puisqu'il ne doit pas ignorer combien ces inégalités sont légeres ; que ce n'est pas d'ailleurs par les points superficiels d'où elles résultent, qu'on juge de la forme de la Terre, mais par le niveau qu'affecteroient les mers dans des plans paralleles à tous les horisons ; & qu'on a enfin jugé jusqu'ici devoir absolument négliger l'influence de ces inégalités sur ce même niveau.

Auroit-il donc découvert sur la surface du globe, soit par la force de son génie, soit par des relations de Voyageurs dignes de foi, des élévations incomparablement plus grandes & des enfoncemens d'une toute autre étendue que ceux que nous y connoissons ? Ou auroit-il apperçu, lors de quelqu'éclipse de Lune, d'amples échancrures dans la rondeur de l'ombre terrestre? Rondeur d'où tous les Savans ont jusqu'ici inféré avec confiance que la Terre est un *solide de révolution*, & que ses méridiens & son équateur sont à peu près des cercles. Qu'il indique & qu'il prouve, s'il le peut, de tels phénomenes, ou qu'il nous permette de ne point ajouter foi à ses rêveries : s'il croit enfin *que la terre n'est point un solide de révolution*, qu'il nous dise comment il peut lui-même lui supposer une figure sphérique. Est-ce qu'un corps sphérique ne seroit pas un solide de révolution ?

Mais tandis que je joue, que je m'amuse avec les mauvaises raisons que M. Zannoni a produit, il en forge sans doute de meilleures, avec lesquelles il viendra subitement m'écraser. Quelle apparence y a-t-il en effet qu'il eût sans cela rejetté l'applatissement de la Terre, & qu'il trouvât même mauvais qu'on y eût égard? Continueroit-il donc à supposer la Terre sphérique, pour approcher plus que je ne fais des mesures de nos Académiciens? S'il est fondé en cela, je ne pourrai disconvenir d'avoir failli en un point essentiel; & pour me punir moi-même, je brûlerai alors formules & calculs, & détruirai toutes les Cartes que j'ai dressées. Avant toutefois de me livrer entierement à l'amertume de ces idées, examinons, éclaircissons les faits, comparons les deux hypothèses.

Que mon Adversaire prenne pour échelle le degré moyen du méridien, qu'il évalue lui-même à 57069 toises; c'est sans doute le parti le plus favorable à son hypothèse. Cette échelle sera néanmoins continuellement trop courte pour exprimer les degrés des paralleles; il retranchera témérairement 200 toises de chaque degré de l'équateur; & avec son échelle il ajoutera audacieusement 320 toises au premier degré de latitude, tandis que je ne le diminue que de 37 toises. Tout cela, comme on peut le voir, n'aboutira qu'à l'écarter des mesures huit à neuf fois plus que moi. En feignant donc de prendre la défense des mesures de nos plus habiles Mathématiciens, il en abuse dans le fait indignement. S'il continue, malgré cela, à dire que *j'ai eu recours à des erreurs hypothétiques dans l'amplitude des arcs célestes, & dans les mesures exécutées avec le plus grand soin, avec les meilleurs instrumens, & par les plus habiles Mathématiciens;* je répliquerai qu'en procédant de la sorte, j'ai fait tous mes efforts pour approcher de ces mesures autant que je l'ai pu, tandis qu'en supposant la Terre sphérique, il n'en fait, lui, réellement nul cas, & n'y a aucun égard, & que je n'ai pas, du reste, la folle prétention de le ramener à mon avis.

D'après ce qui précede, on voit que les latitudes croissantes qui se déduisent de mon hypothèse approchent bien davantage des résultats des mesures actuelles, & sont dès-lors nécessairement beaucoup plus exactes que les anciennes où l'on suppose la Terre sphérique. Il auroit sans doute fallu, pour que mon Adversaire les goutât, qu'elles eussent été d'accord avec son enveloppe cylindrique : mais qu'en auroient alors pensé les Savans qu'il me donne pour Juges, & que j'ai toujours regardés comme les Arbitres de mes Ouvrages?

Qu'il nous apprenne maintenant pourquoi il n'est pas aussi facile d'exprimer le rapport des degrés du méridien à ceux des paralleles dans une hypothèse que dans l'autre? Y auroit-il dans le sphéroïde des grandeurs rebelles qui ne voudroient pas se laisser mesurer, tandis que, dans la sphere, des grandeurs analogues, mais dociles, viendroient, comme d'elles-mêmes, se tracer exactement dans une projection? Il croit, dit-il, avoir démontré l'impossibilité de tracer ce rapport dans le cas de l'applatissement de la Terre : mais je n'aurois pas plus de tort d'avancer qu'il seroit impossible de le tracer, en supposant la Terre sphérique ; car il ne s'agit, dans les deux hypothèses, que d'exprimer par des lignes un rapport donné par des nombres.

On vient de voir que mon Adversaire n'est pas heureux en raisonnemens. Il n'est pas non plus fidele dans les faits qu'il apporte en preuve, comme on a pu en juger par son chassis de 64 pieds quarrés. Voyons s'il sera plus heureux en autorités ; car il veut prouver son sentiment par tous ces moyens.

Il assure que l'impossibilité d'avoir égard à l'applatissement de la Terre en Géographie est prouvée. Si cela est, on pourroit lui demander pourquoi il s'efforce de prouver de nouveau cette impossibilité ; & il le fait, du reste, d'une maniere assez plaisante.

Il cite d'abord les Mémoires des différentes Académies de l'Europe, & met ainsi en un seul tas ceux de Paris, de Berlin, les Transactions philosophiques, &c., puis il dit qu'il *n'y a presque pas de volume qui ne montre le ridicule de cet appareil mathématique :* mais n'auroit-il pas dû avoir la complaisance de nous rapporter quelques citations décisives, & n'eût-ce pas été là le seul moyen d'engager à croire les autres sur sa parole ?

Tous les grands Géometres, dit-il, *ont toujours méprisé l'applatissement de la Terre dans la Géographie pratique.* Parmi les *grands Géometres* très-peu s'occupent de la Géographie ; & ceux qui ont tourné leur vue de ce côté-là, sont précisément du sentiment opposé à celui qu'il leur prête gratuitement.

M. Murdoch a donné des Tables loxodromiques à l'usage des Marins, dans lesquelles il a égard à l'applatissement de la Terre. Le célebre Géometre Mac-Laurin nous a enrichis d'une formule très élégante pour trouver les latitudes croissantes, en supposant la Terre un ellipsoïde. M. de Maupertuis, illustre Membre de l'Académie Royale des Sciences, qui fut ensuite Président de celle de Berlin, & qui, par la mesure du degré du méridien sous le cercle polaire, avoit si bien acquis le droit de considérer la

Terre

Terre sous sa vraie figure, nous a aussi fait présent d'une formule, pour ces latitudes croissantes, dans la même supposition. Don Antonio de Ulloa en a calculé des Tables de minutes en en minutes. M. Bouguer a aussi donné le moyen de dresser ces Tables, & a même calculé les corrections qu'il falloit faire aux anciennes. Tous ces Géometres habiles ne *méprisoient donc pas l'applatissement de la Terre dans la Géographie pratique* ; ils étoient au contraire convaincus qu'il y a tel cas dans la Marine où des routes évaluées, en supposant la Terre sphérique, seroient sensiblement différentes des véritables. La lumiere éclatante qu'ils ont répandue sur ce sujet, ne seroit-elle donc propre qu'à éblouir M. Zannoni?

Le sentiment unanime de toutes les Académies est que la Terre est applatie vers les Pôles; & quoique les Savans qui les composent ne soient pas tout à fait d'accord, ni sur la quantité, ni sur la régularité de cet applatissement, cela n'empêche pas néanmoins qu'ils ne pensent tous, que pour atteindre à une plus grande précision on ne doive indispensablement y avoir égard.

En effet les Astronomes tiennent compte de cet applatissement dans tous les calculs où il peut entrer, tels que ceux des éclipses, ceux de la parallaxe de la Lune, &c., & nous n'oserons, M. Zannoni, l'employer sur nos Cartes? On s'en est heureusement servi dans la théorie pour déterminer la précession des équinoxes, la nutation de l'axe de la Terre, la diminution continuelle de l'obliquité de l'écliptique; & il ne nous sera pas permis, M. Zannoni, d'y avoir égard sur nos Cartes? Enfin l'effet de cet applatissement sera sensible, avec nos petits instrumens, dans le Ciel, qui est si éloigné de nous; & il sera nul, M. Zannoni, sur la Terre, qui est si grande & que nous touchons? Quittez, Monsieur, quittez cet air de suffisance; il fait une opposition trop ridicule avec la sphere étroite de vos lumieres.

Mon Adversaire oppose à tant de faits, de raisons & d'exemples, l'autorité de M. d'Alembert, qui lui a écrit, dit-il, une lettre dans laquelle on trouve ces mots: *je vous conseillerois de vous en tenir à l'hypothèse sphérique.* J'aurois donné moi-même un pareil conseil à mon Adversaire. Il est vrai qu'il fait dire de plus à ce Géometre philosophe, que *l'hypothèse sphérique est suffisante pour des Cartes:* oui, assurément elle est suffisante, sur-tout pour les Zannoni. Mais cela nous empêchera-t-il, pour atteindre à une plus grande précision, d'avoir égard à l'applatissement de la Terre, spécialement dans les Cartes marines? Si donc M. Zannoni prétend faire dire à M. d'Alembert qu'il est d'un sentiment opposé au mien, il a certainement tort: s'il ne le prétend pas, il étoit inutile de m'opposer une autorité si respectable.

Je ne dissimulerai pas que nos Géographes n'ont tenu, jusqu'à ce jour, aucun compte de l'applatissement de la Terre dans leurs Cartes. Mon Adversaire n'a pas songé à tirer tout l'avantage qu'il auroit pu de la conduite de tant d'habiles gens à un tel égard; c'est néanmoins l'argument qui m'embarrasse le plus. Mais sans déroger à la considération que j'ai pour eux, sans rien diminuer de l'estime singuliere que je fais de leurs travaux, & sans admirer même moins les talens de quelques-uns d'entre eux, j'oserai opposer des raisons à l'induction qu'on prétendroit tirer contre moi de leur exemple.

Il est tant de connoissances relatives à la Géographie, & l'espace de la vie propre à les acquérir est si court, que l'attention du Géographe ne sauroit guere ne point perdre de son énergie, en s'étendant dans si peu de tems sur un si grand nombre d'objets, & il devient ainsi presqu'indispensable de s'attacher par goût à quelques parties, préférablement à d'autres aussi utiles.

Entre ces différentes études, celle des projections, qui est une des plus faciles pour ceux qui ont les connoissances Mathématiques nécessaires, est pourtant la plus négligée ; & c'est-là vraisemblablement une des raisons qui ont jusqu'ici éloigné les Géographes d'avoir égard à l'applatissement de la Terre.

D'ailleurs il suffit ordinairement qu'une nouvelle découverte ait peu d'analogie avec nos idées pour qu'on la rejette. Tel fut en particulier le sort de la Philosophie de Descartes. Combien de peine n'eut-elle pas à être admise, & ne fut-il pas réservé à la génération qui suivit ce grand homme, de le venger de l'outrage qu'on lui avoit d'abord fait en refusant même de la tolérer?

L'attraction, si propre à marquer aux planettes la route qu'elles doivent suivre dans les espaces célestes, trouva durant l'espace de trente ans, du moins hors de l'Angleterre, autant de Contradicteurs que d'Astronomes, & n'a été ensuite généralement reçue qu'après que divers Mathématiciens, trop jeunes encore pour avoir adopté aucune opinion, & pour rougir d'en changer, se furent mis en état d'en bien saisir l'anolagie avec la marche de la nature, & de la défendre.

Et puisque un grand nombre de vérités nouvelles se sont établies de cette sorte, on peut présumer que les jeunes Géographes non prévenus, & munis de connoissances mathématiques suffisantes, qui succéderont à ceux d'aujourd'hui, recevront unanimement l'applatissement de la Terre.

M. Zannoni n'aura sans doute pas assez peu de logique pour penser que je veuille ici me comparer aux Descartes & aux Newton, sur-tout s'il fait attention que l'Académie Royale des Sciences a presque tout fait, & moi rien dans l'importante question dont je m'occupe. Tout ce qu'il doit y appercevoir, c'est le desir ardent que j'aurois que l'Académie eût, en cette occasion, la gloire qu'elle a si bien méritée, & qu'elle a eue dans tant d'autres, de voir passer jusques dans la Géographie le fruit de ses travaux.

Je vais terminer cette Section par un résumé succint des raisons qui précedent.

1.° Les mesures de différens degrés prises par les plus célebres Mathématiciens, ayant toute l'authenticité possible, doivent nécessairement être admises dans la Géographie.

2.° Ces mesures & la théorie qu'elles confirment suffisent pour déterminer à fort peu près le rapport du diametre de l'équateur à l'axe de la Terre, & pour fixer la nature de la courbe que forment les méridiens, courbe qui est très approchante de l'ellipse.

3.° La loi que les augmentations des degrés

de latitude suivroient alors est de plus indiquée par des observations d'une autre espece, celle des accroissemens du pendule.

4.° J'ai cité quelques-uns des Savans du premier ordre, & des mieux instruits sur cette importante matiere, qui ont jugé l'applatissement de notre globe assez considérable pour qu'on dût en tenir compte, sur-tout dans les Cartes marines, & qui ont même, à ce dernier égard, applani toutes les difficultés que les Géographes pouvoient rencontrer.

5.° Il est vrai qu'en continuant à supposer la Terre sphérique, on ne court risque de se tromper que d'une assez petite quantité; mais il ne l'est pas moins, que cette petite quantité elle-même peut avoir des conséquences fâcheuses; ensorte qu'il n'est point de raisons solides qui puissent autoriser à la négliger. En supposant, par exemple, vingt lieues marines dans chaque degré de l'équateur, n'y en eût-il qu'une à soustraire sur les six premiers degrés de latitude, on doit la retrancher, & ne point dilater cet arc du méridien.

6.° Si les angles que le méridien forme avec la route qu'on doit tenir en mer, pour aller d'un endroit à un autre, étoient les mêmes sur le sphéroïde & sur la sphere, cette inégalité des degrés ne tireroit pas tant à conséquence; mais ces angles sont de différentes valeurs; & en supposant, ce qui arrive ordinairement, qu'un Navire change souvent de direction pour aller du premier de ces lieux au second, il peut y avoir une grande différence, tant entre le chemin du vaisseau qui fait voile sur la sphere & celui qui navigue sur le sphéroïde, que dans le rumb en ligne droite entre l'un & l'autre de ces lieux.

7.° On m'objectera inutilement que dans la pratique de la navigation il se commet de bien plus grandes erreurs. Cette pratique peut se perfectionner avec le tems : mais le contraire fût-il même démontré, il ne seroit pas moins constant que ces erreurs seroient encore augmentées dans certains cas, par le défaut général de la Carte, & que la somme des deux erreurs pourroit devenir funeste, tandis qu'une seule ne l'auroit pas été.

8.° Enfin toutes ces réflexions sont confirmées à un haut point par l'usage universel que les Mathématiciens font de l'applatissement de la Terre dans la théorie & la pratique de l'Astronomie.

D'où je conclus généralement que le nouveau degré de précision qu'on obtiendroit en admettant l'applatissement de la Terre dans la Géographie, contribueroit nécessairement à rendre nos Cartes plus exactes dans leurs proportions, & la navigation plus sûre, & mériteroit bien dès lors la peine qu'on se seroit donnée pour l'obtenir.

Voilà la plupart des raisons que j'avois à produire sur ce sujet. J'en augure bien, parcequ'il n'y a que pour les Zannoni, qui croient qu'il est dangereux & impossible d'avoir égard à l'applatissement de la Terre dans la Géographie, qu'elles ne soient d'aucun poids.

SECONDE SECTION.

Que M. Zannoni a copié le petit Atlas maritime des côtes de France, *sinon en tout, du moins en grande partie.*

QUAND on veut nuire à quelqu'un, on ne cesse de le déprimer, & souvent même on se permet de l'outrager : mais la méchanceté est quelquefois mal-adroite ; & ce n'est pas toujours en parlant contre sa conscience qu'on se fait des partisans durables, & qui soient redoutables à des antagonistes.

M. Zannoni sait fort bien que je n'ai jamais prétendu avoir eu part à la réduction qu'un Dessinateur, qui travailloit alors pour lui, a fait vraisemblablement sous ses yeux, des plans de nos principaux Ports, qu'on voit à la suite du *petit Atlas maritime des côtes de France* ; il m'accuse pourtant de m'en être approprié trois qu'il reclame. Qu'ils lui appartinssent ou non, il est certain qu'il les avoit vendus au Sieur Latré, qui a cru en conséquence être en droit de les placer, avec plusieurs autres, à lasuite du petit Atlas ; mais quant à moi, je les lui abandonne sans réserve, ainsi que ceux même qu'il ne reclame pas : je déclare donc ici n'avoir eu part, ni directement, ni indirectement, à aucun, & consens de bon cœur que mon Adversaire se fasse honneur, puisqu'il en est jaloux, de si minces objets. Or, cela posé, si les longitudes qu'on a données aux places que représentent ces plans ne font pas les mêmes que celles que j'attribue aux mêmes lieux sur ma Carte, il est visible qu'il n'y a en cela nulle contradiction de ma part.

Avant d'aller plus loin, il ne sera pas inutile d'examiner sur quoi M. Zannoni appuie la haute idée qu'il a de ses talens.

Presque toutes les Cartes qui sont sorties de ses mains depuis qu'il est à Paris, & il en avoit dressé fort peu d'autres auparavant, sont de mauvaises copies. Si on vouloit cependant l'en croire, elles seroient propres à servir de modeles à tous les Géographes futurs. Malheureusement il n'y a guere que quelques gens intéressés à en dire du bien qui en aient fait l'éloge; mais ils se sont tus dès qu'ils ont vu que cela étoit inutile, & que les gens éclairés se mocquoient d'eux.

Ses Cartes sont si peu réfléchies, que sur une d'entre elles il a placé trois ou quatre fois plus d'écriture qu'il n'y en faudroit; de sorte qu'on a peine à y lire, même avec une loupe. Dans une autre, il a mis les titres en une langue que personne de Paris n'entend. Ici, au lieu de prairies riantes, au lieu de plaines agréables & fertiles, ce sont de vastes amas de montagnes escarpées jusqu'aux nues, accompagnées de chemins, enfans pour la plupart de l'imagination. Là, après avoir copié une Carte d'un de ces hommes rares, à la gloire desquels celle de la Géographie est attachée, il auroit eu l'ingratitude de lui vomir des injures si on ne l'en eût empêché. Tous les habiles gens lui portent ombrage; mais il a beau se déchaîner contre eux, il n'en est pas plus apperçu.

Cet homme-là est si habitué à contrefaire les ouvrages d'autrui, qu'il a vendu, sous des formats différens, & comme Cartes originales, deux fois la copie de l'Allemagne, par l'Académie de Berlin.

Nous donne-t-il une Carte de France, il la décore d'un titre pris dans la langue d'Homere, comme s'il étoit un grand Grec. Dans cette Carte, les méridiens & les paralleles, qui s'y trouvent de cinq en cinq minutes, ne gardent entre eux aucune proportion ni régularité, & semblent avoir été tracés à l'aveugle. Annonce-t-il depuis long-tems au Public une Carte d'Allemagne en plusieurs feuilles? Voici en peu de mots quelle en est la vraie histoire.

Il l'avoit d'abord entreprise pour M. de Lanselles, ancien Capitaine d'Infanterie & de Cavalerie, attaché à M. le Maréchal Prince de Soubise. Il sollicita, ensuite pressa pendant plus de six mois, & détermina enfin, à l'insçu de M. de Lanselles, le Sieur Latré, Graveur, à exécuter aussi sur l'Allemagne une pareille Carte, se gardant bien, du reste, de le prévenir de ses conventions au même égard avec M. de Lanselles. Ces deux MM. se trouverent donc en concurrence sans le savoir. La conduite de mon Adversaire fut bientôt éclairée. Mais falloit-il que M. de Lanselles abandonnât un ouvrage qui lui avoit déja occasionné de grosses dépenses? ou bien le Sieur Latré devoit-il perdre ses avances? On prit des deux côtés le parti de continuer; & mon Adversaire, qui faisoit peu d'ouvrages, reçut de l'argent de deux mains. Cependant MM. de Lanselles & Latré ne voyant point avancer les desseins de leurs Cartes, se lasserent de toujours donner. Voilà l'ouvrage suspendu ; & M. Zannoni, Débiteur envers M. de Lanselles de 1543 livres 5 sols, de compte arrêté, & de 844 livres 15 sols, dont il n'a pas justifié l'emploi, & envers le Sieur Lattré, de 1133 livres 8 sols 9 deniers, tant pour l'argent fourni sur le dessein de la Carte d'Allemagne, que pour 240 livres 17 sols payé sur un dessein d'une Carte d'Espagne.

M. Zannoni n'a achevé ni rendu aucun de ces desseins. On a eu depuis des entrevues ; il y a eu des Médiateurs pour s'accommoder des termes de prix ; mon adversaire qui fait sans doute peu de cas de la sainteté des engagemens, n'en a point tenu, & a usé toutes les voies de conciliation. Ces affaires enfin en sont au même point depuis trois ans : mais y resteront-elles toujours ?

J'ai dressé de mon côté, aux heures où mes Eleves m'occupoient le moins, quelques Cartes pour le Sieur Lattré. Mon Adversaire s'étant interdit par les irrégularités de ses procédés cette ressource, aussi nécessaire pour lui qu'elle m'est peu utile, a pris injustement en haine, & le Sieur Lattré, qui ne vouloit plus lui donner d'argent, & moi, qui n'avois jamais cherché qu'à l'obliger. Le libelle qu'il a fait contre moi est un fruit de sa vengeance, & les copies de divers ouvrages du Sieur Lattré en sont un autre. Il s'efforce de se défendre, devant le Public, de l'accusation de Plagiat à mon égard, comme si c'étoit une chose bien rare que de lui voir s'approprier les travaux d'autrui : mais c'est en vain qu'il se débat. J'ai à produire sur ce sujet des raisons démonstratives.

Je crois qu'il eſt ici néceſſaire de prévenir que j'ai cédé mon droit ſur le petit Atlas maritime des côtes de France, auſſi-tôt qu'il fut dreſſé. Il n'y a donc que le ſeul intérêt de la vérité qui me faſſe prendre ſa défenſe. C'eſt un enfant que j'ai en quelque ſorte envoyé chercher fortune, mais à qui je dois, dans l'occaſion, montrer quelque reſte d'attachement.

Le Sieur Zannoni, pour tâcher de faire trouver défectueuſes les latitudes croiſſantes que j'ai employées dans l'Atlas maritime des côtes de France, & afin de dépayſer d'autant le Lecteur ſur ſon Plagiat, eſſaie inutilement d'établir que le papier, en ſéchant, ſe retire dans un ſens d'une ſoixante-douzieme partie, & dans l'autre, ſeulement d'une cinquante-unieme. Les preuves qu'il dit en avoir données, en quelque endroit qu'elles ſoient, ne valent rien.

1.° Le papier plus ou moins épais, plus ou moins collé, plus ou moins mouillé pour l'impreſſion; un tems plus ou moins chaud, plus ou moins humide; un bras plus ou moins nerveux à la preſſe, &c., toutes ces circonſtances produiſent néceſſairement des différences dans le degré auquel le papier humecté peut ſe contracter en ſéchant; mais elles ont échappé à mon Adverſaire.

2.° Tout le monde convient que le papier ſe retire en ſéchant d'environ une ligne ſur ſix pouces dans tous les ſens, j'en ai fait moi-même pluſieurs fois l'expérience; & que s'il ſe rétrécit plus ou moins dans l'une de ſes dimenſions, il ſe rétrécit auſſi plus ou moins à proportion dans l'autre.

3° Qu'on applique sur ma Carte les latitudes croissantes, ou parties méridionales que voici, & qu'exige l'applatissement de la Terre, que j'ai adopté, on verra qu'elles sont en effet, de notre planette, un véritable sphéroïde applati, & que mon Adversaire ne sauroit l'empêcher.

Lat.	Lat. crois.
42°	2764
43	2845
44	2927
45	3011
46	3096
47	3183
48	3271
49	3361
50	3453
51	3547

4° Enfin c'est bien mal à propos que M. Zannoni se vante d'avoir autrefois calculé une Table des latitudes croissantes, dans la supposition de $\frac{1}{178}$ d'applatissement : sa bévue de l'enveloppe cylindrique l'en suppose absolument incapable. De plus, son âge ne permettroit point qu'il l'eût fait depuis aussi long-tems qu'il veut le laisser entendre. Comme M. Bouguer a donné une Table sur ce sujet, & dans la même hypothèse, long-tems avant que mon Adversaire se mêlât de Géographie, il est plus que probable qu'il a tiré de cette Table, avec laquelle ma Carte ne doit point s'accorder, l'exemple qu'il apporte pour en combattre la précision.

Nos latitudes croissantes ayant été mises à la coupelle, examinons celles de M. Zannoni. Il dit s'être servi, dans la composition de sa Carte, de son *enveloppe cylindrique*, ne s'appercevant pas que si la chose avoit eu lieu, il auroit trop allongé la France, du Sud au Nord, de près de 80 lieues marines, ou, ce qui revient au même, il auroit rendu ce beau Royaume environ un tiers trop grand. Concluons donc, au lieu de cela, qu'ayant trouvé dans le premier Traité de Pilotage qui lui sera tombé sous la main, des latitudes croissantes toutes calculées dans l'hypothèse de la Terre sphérique, il les aura employées sans façon, & qu'un motif de pure vanité l'a depuis conduit à affirmer faussement & au hasard qu'il les eût déduites de son absurde enveloppe.

Dans les Cartes réduites, les dégrés de latitude doivent croître à mesure qu'ils approchent de l'un ou l'autre pole en raison inverse de la diminution des paralleles sur le globe; & sans doute que les Tables dont mon Adversaire s'est servi, observoient cette loi: cependant, dans l'application, il fait le degré du Méridien compris entre le 48. & le 49. degrés de latitude précisément égal à celui qui est compris entre le 49 & le 50.° tandis que celui-ci doit être à l'autre comme 51 est à 50. L'égalité qu'il fait régner entre ces degrés, supposeroit un énorme vallon sur le 49.° Si ce vallon existoit dans la nature, les Villes de Constance, de Torigny, d'Orbec, d'Evreux, &c. ne pourroient servir de demeure qu'à des poissons, & la mer couvriroit tout ce beau pays.

M. Bellin, Ingénieur de la Marine & Censeur Royal, fut nommé pour examiner le petit Atlas maritime des Côtes de France. J'avois intitulé cet Ouvrage: *Petit Neptune François.* Le Censeur refusa, par des raisons que je ne chercherai pas ici à pénétrer, de laisser passer ce titre. M. Zannoni qui travailloit alors pour le Sr Lattré, n'a point ignoré ce fait: je le lui ai appris moi-même. Comme il a trouvé ce titre heureux *, il l'a donné à la copie qu'il a faite de mon Ouvrage.

* Le sieur Desnos imite fort bien M. Zannoni, il commence à donner à un de ses Ouvrages le titre d'*Atlas moderne*, parce que le sieur Lattré a publié en 1762, pour l'étude de la Géographie moderne, une Collection de Cartes sous le même titre, qui a été bien accueillie du Public.

Il fait en quelqu'endroit de sa Dissertation, l'énumération très-incomplexe des soins que doit prendre un Hydrographe pour dresser une Carte marine. Ces précautions, de même que beaucoup d'autres dont il ne dit rien, je les avois prises pour lui. Ensuite il demande s'il exposera les méthodes pour pointer & réduire les routes ; on l'en dispense. Ce n'est point à celui qui prétend appliquer l'enveloppe cylindrique de la Sphere à la construction des Cartes réduites, qu'il appartient d'expliquer ces choses ; on les trouvera ailleurs beaucoup mieux qu'il ne pourroit les donner.

La Table de ses longitudes comparées aux miennes, est absolument fausse ; & ses longitudes sont de plus les mêmes que celles de ma Carte, à quelques légeres différences près, inévitables dans une copie. Je ne comprends pas comment il a pu avoir le front de m'opposer des longitudes & latitudes qu'il n'adopte point lui-même. Ne seroit-ce pas là tendre un piége au Public ? N'est-ce pas aussi . . . ? Voici quoi qu'il en soit, les longitudes de M. Rizzi, & les miennes.

	Suivant sa Carte.		*Suiv. la mienne.*	
Latitude de S. Michel	48.°	39′	48.°	39′
Long. de Granville	3.°	58′	3.°	59′
Long. de Crauson	6.°	54′	6.°	55′
Long. de Vannes	5.°	11′	5.°	10′ ½
Long. de l'Orient	5.°	47′	5.°	47′
Long. de Croisie	4.°	53′	4.°	55′
Long. de la Rochelle	3.°	31′	3.°	33′
Long. de Rochefort	3.°	22′	3.°	22′
Long. de Cordouan	3.°	34′	3.°	35′

Les gens de l'art ſavent, qu'on ne peut réduire un deſſein, prendre un calque de cette réduction, l'appliquer ſur le cuivre & le graver, ſans qu'il ſurvienne quelques dérangemens qui ſe trouvent même rarement auſſi peu conſidérables que le ſont les différences en longitude entre ma Carte & celle de mon Adverſaire, dans laquelle un écart d'une ligne emporteroit tout d'un coup 5 minutes de longitude. Il aſſure avoir fait uſage des Obſervations de l'Académie avec leſquelles ma Carte ne doit pas tout-à-fait ſe rapporter; mais ces obſervations donnent auſſi des réſultats aſſez différens de ceux que lui & moi ont employés pour qu'il ſoit bien difficile de regarder comme involontaire cette mépriſe de ſa part.

M. Zannoni dit avoir préféré la Carte de M. le Chevalier de Beaurain à la mienne. Afin qu'on apperçoive plus aiſément ce qu'il en eſt, comparons ces différentes Cartes. Je ne ſuis pas embarraſſé du nombre, mais du choix des points à comparer.

Pourquoi la rade de Saint-Jean renferme-t-elle dans la Carte du Chevalier trois embouchures de rivieres qu'on ne trouve pas ſur la Carte du ſieur Rizzi? Cela ne viendroit-il point de ce qu'elles ne ſont pas ſur la mienne?

Pourquoi ce banc, qui eſt à trois lieues au Nord-oueſt d'Ambleteuſe, deſcend-il ſur ma Carte & ſur celle de mon Adverſaire 4 minutes plus bas que ſur celle du Chevalier?

Pourquoi le banc du Quemer, qui reſſemble à un fer à cheval, a-t-il ſes deux branches égales ſur la Carte du Chevalier, tandis que la branche inférieure ſur ma Carte & ſur celle de M. Zannoni n'eſt qu'environ la moitié de la branche supérieure ? Est-ce parce que mon Adversaire a copié M. le Chevalier qu'ils se ressemblent si peu ?

Pourquoi sur la Carte du Chevalier vers Fécamp, la mer creuse-t-elle le rivage, & que sur ma Carte & sur celle de Zannoni, c'est au contraire le rivage qui avance dans la mer ? Est-ce qu'en copiant le Chevalier, mon Adversaire auroit fait une Carte qui seroit l'antipode de son original ?

Pourquoi entre ce dernier Cap & le Cap de la Heve, près du Havre, la mer, sur la Carte du Chevalier, s'avance-t-elle dans les terres en arc de cercle, & que s'il y a de la courbure en cet endroit sur la mienne & sur celle du Sr Zannoni, elle est en sens contraire ?

Pourquoi, depuis Cherbourg & même endeça, jusqu'à Jobourg en tournant le Cap de la Hague, y a-t-il sur la Carte du Chevalier, un banc de sable presque continu qui borde le rivage, tandis que sur ma Carte & sur celle du sieur Rizzi, on n'en voit pas la moindre trace ?

Pourquoi le banc situé au Nord-Est de Jersey, qui ressemble à une patte d'écrevisse, se trouve-t-il sur la Carte de mon Adversaire ? Avant sa copie, il n'avoit jamais paru gravé que sur ma Carte ; & il n'a employé, il en convient lui-même, aucun dessein manuscrit.

Le banc entre les Isles Chausey & Granville, où l'a-t-il pris encore ? Il est dans le cas du précédent : je les ai extraits tous deux d'une Carte manuscrite qui me fut envoyée de Granville en 1756 par M. le Chevalier de Coursselles, à qui j'ai eu l'honneur d'enseigner les Mathématiques.

Mais les *pourquoi* ne finiroient pas si l'on vouloit

vouloit examiner tous les traits de ressemblance qui se trouvent entre la Carte du Sieur Zannoni & la mienne, & les différences énormes qui se rencontrent entre sa Carte & celle du Chevalier qu'il prétend avoir copiée. Il est singulier que mon Adversaire, en réduisant la Manche du Chevalier de Beaurain, ait fait une copie qui ressemble, aux fautes près qu'il y a ajoutées, parfaitement à ma Carte, laquelle, comme on vient de le voir, est diamétralement opposée, dans les détails, à celle du Chevalier.

Mon Adversaire assure avoir suivi la Carte du Golfe de Gascogne, de l'Ingénieur de la Marine. Il me seroit facile de prouver le contraire. J'observerai seulement que les longitudes du Sieur Zannoni, qui sont autant d'accord avec les miennes qu'elles peuvent l'être, ne le sont pas de même avec celles de l'Ingénieur du Dépôt. Ce banc, situé au N E de l'Isle Dieu, & qui avoisine la côte du Poitou, mon Adversaire le fait beaucoup trop courir dans la mer, & l'élance même dans l'eau jusqu'à sept fois plus que l'Ingénieur de la Marine, qu'il dit avoir copié.

Les Banches vertes & Rochebonne avoient d'abord été oubliées par le Graveur, sur ma Carte, quoique je les eusse placées soigneusement sur le dessein; il y a long-tems que cette omission est réparée. Je suis bien marri de mon inattention; sans cela le Sieur Zannoni n'eût pas placé ces rochers sept lieues plus près de la côte qu'ils ne sont en effet. Il auroit encore mieux valu qu'il n'en fit point mention du tout que de les avoir si mal placés; car il est moins dangereux pour les Navigateurs d'ignorer où ces rochers sont exactement situés, que de les croire où les place la Carte de mon Adversaire, &

où certainement ils ne sont pas. Dans le premier cas on est sur ses gardes, & dans le second on peut échouer lorsqu'on se croit loin des dangers.

Quel flux d'injures ne me vomit-il pas au sujet de cette omission! A l'entendre, jamais les brigands ni les corsaires ne peuvent faire plus de mal aux Navigateurs que moi qui ne travaillois même pas pour leur usage en cette occasion, ainsi que j'ai eu soin d'en avertir.

M. Zannoni étrangle vers son milieu l'Isle de Rhé, au point de ne lui pas laisser en cet endroit la moitié de la largeur qu'elle y a réellement, & il fait la côte de Cordouan à Andaye de beaucoup trop droite. En jettant les yeux sur les détours des rivages de la mer, sur leurs plis & replis, leurs dentelures, leurs festons, on s'apperçoit assez que la nature, en pareil cas, ne trace pas ses opérations au cordeau, comme mon Adversaire voudroit le persuader. L'Ingénieur de la Marine n'a pas fait ces fautes-là, non plus que celle de donner à la Gironde une forme purement idéale.

Quant aux Cartes de Berthelot & de Michelot, sur le Golfe de Lion, que M. Zannoni dit avoir consultées, ce n'a pas été assurément pour les suivre. Sa copie sur cette partie, qui imite autant bien ma Carte qu'il est possible, ressemble incomparablement moins aux originaux qu'il cite, que la Manche ne ressemble à la Carte de M. de Beaurain. Un coup d'œil éclairé qu'on me feroit plaisir de jetter sur ma Carte & sur sa copie, en apprendroit plus là-dessus en un moment que je ne puis en dire ici.

Pour faire une fastueuse parade de recherches, M. Zannoni cite des Journaux de navigation

S'il les a consultés depuis la publication de sa Carte, il étoit inutile d'en parler: si ç'a été auparavant, il falloit faire passer les richesses qu'ils contiennent sur sa copie.

Il demande dans quelles sources j'ai puisé, & si j'en connois. J'ai puisé dans la plupart de celles qu'il indique, & aussi dans plusieurs autres qu'il n'indique pas, & il est évident que j'y ai puisé pour moi & pour lui.

J'ai dit que j'avois assujetti à la chaîne de triangles, qui lie les principaux points de nos côtes, les matériaux que nous en avons, & mon Adversaire prétend avoir montré que cela n'est pas. Où l'avez-vous fait voir, M. Zannoni? Je répete encore que la chose est vraie; & si j'étois du reste en défaut de ce côté-là, il s'ensuit bien clairement de ce qui précede, que vous y seriez vous-même.

Les observations sur la déclinaison de l'aîmant sont jugées peu nombreuses par mon Adversaire, parcequ'il n'en connoît que peu: son point d'échelle étoit cependant assez considérable pour en admettre, mais il falloit déguiser ma Carte. La Table qu'il donne de ces variations, d'après, dit-il, MM. Mountaine & Dodson, est en contradiction avec ces MM. eux-mêmes. A la latitude Nord de 50.° & à 5.° Ouest de Londres, ils indiquent 17.° de variation pour 1744, & 19.° $\frac{1}{4}$ pour 1756, ce qui fait un accroissement annuel de 11′ $\frac{1}{4}$; ainsi ces laborieux Anglois n'ont pas supposé cette variation de 9′ $\frac{1}{7}$ par an sur nos parages, comme le Sieur Zannoni ose l'assurer; & s'ils ont indiqué dans d'autres points du voisinage de nos côtes un moindre accroissement annuel, c'est que ce progrès n'est pas en effet le même dans toute l'étendue en longitude & en latitude qu'elles occupent.

. Les déclinaisons de l'aiguille ont été inscrites dans ma Carte pour l'année 1761, M. Zannoni les veut toutes infirmer. Pour abréger, j'examinerai seulement le point qu'il trouve le plus défectueux. Il est situé vers le SSO de Brest, par 48.° 10′ de latitude, & par 7.° 30′ de longitude occidentale de Paris. J'ai marqué sur ce point 19.° de variation; mon Adversaire n'y en voudroit que 18.° 13′.

Quoique les observations sur la déclinaison de l'aimant aient eu jusqu'à ce jour peu de précision, j'ai peine à croire que je me sois trompé de plus des trois quarts d'un degré, & le calcul du Sieur Zannoni sur ce sujet pourroit bien être mal entendu.

En effet MM. Mountaine & Dodson, à 5.° Ouest de Londres, ou à 7.° 25′ Ouest de Paris, ont trouvé par la latitude de 45.° la variation de 16.° $\frac{1}{2}$ en 1756, avec une augmentation d'environ 5′ par an. Ainsi cette variation devoit être, pour 1761, de 16.° 55′. Par la même longitude, & à 50.° de latitude, ces MM. ont trouvé la variation de 19.° $\frac{1}{4}$ pour 1756, avec une augmentation annuelle de 11′ $\frac{1}{4}$; ainsi cette variation, pour 1761, étoit de 20.° 11′ 15″. La variation sur le méridien situé à 7.° 25′ Ouest de Paris, augmentoit donc en 1761 de 3.° 16′ 15″ depuis 45 jusqu'à 50.° de latitude; & distribuant proportionnellement ce progrès sur cet arc du méridien, on y trouvera 18.° 59′ 17″ $\frac{1}{2}$ de variation en 1761, par la latitude de 48.° 10′. Or le point dont on cherche ici la variation, est par la même hauteur & 5′ plus à l'Ouest; donc la déclinaison doit y être encore plus grande. Ainsi la variation correstée a dû être supposée, d'après MM. Mountaine & Dodson, de 19.° en 1761.

De plus, la déclinaison de l'aiguille à Brest étoit en 1753 de 17.° 45′, & en 1758 elle égaloit 18.° 30′, comme on peut le voir par les Journaux de navigation des vaisseaux qui sont entrés & sortis de ce Port dans ces deux différentes années; ainsi en 1761, elle devoit être de 18.° 57′; à Paris, dans la même année, elle étoit de 18.° 30′. Entre ces deux Villes, 40′ de longitude de plus vers l'Ouest augmentoient donc alors la variation de 2′ 38″. Or, le point dont nous cherchons la variation est 40′ plus à l'Ouest que Brest; ainsi la variation a dû encore y être, comme ci-devant, en 1761 de 19.° J'ai pris les mêmes précautions, qui sont aussi sûres qu'elles sont étendues, pour tous les points de la Carte, où j'ai marqué la variation de l'aîmant.

Que mon Adversaire se déchaîne donc sans cesse contre la vérité; qu'il fasse contre mes résultats un fol abus de calcul qu'il n'entend pas; qu'il s'aiguillonne pour persuader qu'il a employé dans sa Table *la formule du maximum*, dont ces matieres ne sont nullement susceptibles; qu'il exprime même cette Table en minutes, tandis que ses Maîtres, MM. Mountaine & Dodson, n'ont osé l'exprimer qu'en quarts de degrés. Malgré cet échafaudage monstrueux, toutes ses conclusions n'en échoueront pas moins sur le roc inébranlable de l'observation.

Pour défigurer de plus en plus ma Carte dans sa copie, M. Zannoni a encore supprimé dans celle-ci deux choses très-curieuses & très-utiles, savoir, l'heure de l'établissement des marées & la hauteur à laquelle l'eau monte dans les grandes malines; ma Carte le dispensoit cependant de toute recherche à cet égard, comme sur tout le reste, & le point d'échelle de la réduction étoit suffisant pour remplir de tels objets. D'ailleurs les Cartes particulieres de nos côtes, en huit feuilles d'aigle, qui doivent suppléer à ces omissions, selon la promesse brillante du Sieur Zannoni, ne paroîtront jamais. Il a, avec raison, tant de peur d'être à chaque moment oublié du Public, qu'il l'inonde continuellement d'annonces pompeuses de sa part qui n'ont jamais eu leur exécution, de prétendues analyses dont les Cartes n'ont jamais été ébauchées, de promesses vaines qu'il est incapable de tenir, de libelles contre d'honnêtes gens qui ne lui ont jamais fait que du bien. Mais qu'on est petit aux yeux des bons Juges, quand on est monté sur de telles échasses! Les vrais talens sont plus modestes; & si le Public se laisse quelquefois tromper, ce n'est pas impunément. J'apprends peut-être trop tard à mon Adversaire cette importante vérité.

Pour finir sur ce sujet, supposons, contre toute vraisemblance, que les huit Cartes de grand-aigle viennent subitement à paroître, ne sera-ce pas alors une chose curieuse que de voir des Cartes petit *in*-4.° servir de Cartes générales à de grandes feuilles d'aigle? Les habiles gens commencent d'ailleurs par les détails, qu'ils réduisent ensuite: mais M. Zannoni se distingue; il prend précisément le chemin opposé: ce seroit pour lui une route trop battue, que celle qu'il faut suivre pour bien faire.

Le Sieur Zannoni, dans sa copie, a jetté les sondes au hasard sur la mer. Il prétend prouver le contraire, en disant que celles de la Manche sont tirées, 1.° du Chevalier de Beaurain, 2.° du

Journal du voyage de Barbot, de Plymouth à Brest & au Kalabar en 1704, 3.° de celui du Vaisseau le Georges en 1740, & des remarques de M. de Chazelles. Cependant, à environ cinq lieues au N N O de Dieppe, le Chevalier marque 20 brasses, & mon Adversaire 28. Depuis l'embouchure de l'Orne jusqu'au Cap de Barfleur, en tournant on trouve 20, 28, 35, 32, 30, 25, 17 brasses sur la Carte de mon Adversaire, & rien dans tout ce trajet sur la Carte du Chevalier. Ces sondes viendroient-elles du Journal de Barbot en allant de Plimouth à Brest & au Kalabar? Entre le Cap Flamenville & le Nord de l'Isle de Grenesey il y a 31 brasses sur la Carte du Chevalier; mon Adversaire, plus économe, n'y en a mis que 18. Cette énorme diminution seroit-elle tirée des remarques de M. de Chazelles? A l'Ouest des bancs Grelets, on trouve 27 brasses sur la Carte de M. Zannoni, & rien sur celle du Chevalier; à l'Est de l'Isle Brehat, dont le nom manque sur la copie du Sieur Zannoni, il y a 10 brasses écrites quatre fois en sautoir sur la Carte du Chevalier; le Sieur Zannoni a osé y en écrire le double: ce changement lui a sans doute été indiqué par le Journal du Vaisseau le Georges. A la côte septentrionale de Bretagne, autour des Triagons, en tournant de l'Est vers le Nord, il y a sur la Carte du Chevalier 18, 22, 18, 30 brasses, & sur celle de M. Zannoni 20, 21, 25. En voilà assez pour qu'on puisse appercevoir les défauts énormes des sondes de la Manche sur cette copie. Passons au Golfe de Gascogne.

Les sondes du petit Neptune sont extraites pour cette partie, dit mon Adversaire, de la Carte de M. Bellin. Ce n'est assurément pas de la seconde édition, qui est de 1757, & que j'ai sous les yeux *, c'est sans doute de la premiere, qui est de 1750, & que je n'ai pas à la main. Quoi qu'il en soit, j'ai si bien appris à me défier de M. Zannoni, que je présume qu'il n'aura pas extrait ces sondes plus fidelement que celles du Chevalier de Beaurain; mais fussent-elles même exactement conformes à celles du Golfe de Gascogne, de 1750, elles n'en vaudroient pas mieux. Les Marins se plaignoient depuis longtems du défaut des Cartes de ce Golfe à cet égard. Pour assurer la navigation & les attérages de cette partie de la mer, M. de Périgny, Lieutenant de Vaisseau, fut chargé par le Roi, en 1750 & 1751, de sonder dans ces parages. L'Ingénieur de la Marine a fait passer ces sondes dans la seconde édition de sa Carte. Si mon Adversaire les eût extraites dans sa copie, celles qui s'y trouvent ne seroient pas jettées au hasard.

M. Rizzi me reproche, pag. 22 de sa Dissert. dans une Note, de n'avoir pas suivi les sondes des Cartes de MM. Minet & de Genes: il ne se doute donc pas des défauts qu'il est constant qu'elles ont. M. de Chazelles y a en effet reconnu plusieurs erreurs en latitude, dont une entre les Caps Finistere & Ortegal, alloit à 17', & M. Borri, de l'Académie de Marine, en fixant la longitude du Cap Finistere, y en a fait reconnoître une, entre Bayonne & ce Cap, de 1.° 25' en longitude. J'ai préféré de mon côté aux sondes que ces Cartes contiennent, & qui me sont indiquées par M. Zannoni, comme

* Il dit, pag. 17 de sa Dissert. qu'il a employé la premiere édition, qui est de 1750. On ne vend plus cette édition. Seroit-ce pour cela qu'il la cite de préférence?

très-exactes, celles qu'on m'a envoyées de Bayonne, que j'ai combinées avec celles de M. de Périgny, me persuadant que les personnes instruites qui les ont observées sur les lieux, étoient plus à portée de les bien connoître que le Sieur Zannoni qui en est si éloigné.

Mon Adversaire dit encore que les sondes du Golfe de Lyon, dans sa copie, viennent des détails des Sieurs Michelot & Berthelot, & c'est sans doute parce qu'il falloit dire qu'elles viennent de quelqu'endroit ; mais les détours de son peu de bonne foi commencent à me fatiguer. Il ne me cite sans doute deux Auteurs à la fois que pour prolonger sa défense. Si je fais voir que ces sondes ne viennent point de l'un, il me soutiendra qu'elles viennent de l'autre. Eh bien! M. Zannoni, vous trouvez commode de ne rien prouver : je vais faire comme vous en cette occasion. Je me contenterai d'assurer que ces sondes ne viennent d'aucun des deux, pas même du Portuland de la Méditerranée de Michelot, que j'ai aussi consulté.

Avant de terminer cette Section, écoutons encore une fois raisonner mon Adversaire. Il écrit de si bonnes choses, que je n'en passe une partie qu'à regret. *Si le petit Atlas*, dit-il, *est un ouvrage parfait & sans défaut, & que ma Carte soit pleine de fautes, elle n'en est pas la copie.* Que cet argument est pressant! Sophiste impitoyable! Je nie l'antécédent de votre *si* conditionnel. Je ne suis pas infaillible ; & quand votre Carte contiendroit encore plus de fautes qu'elle ne fait, elle pourroit toujours être une mauvaise copie de la mienne. On se plaint dans quelques endroits de votre peu de fidélité à copier les modeles que vous avez choisis ; partout de vos omissions, souvent de vos fautes d'ortographe; & on ajoute que ce n'est pas *régaler la France* que de lui donner moins bien quand elle a mieux.

Si le petit Atlas, continue-t-il, *a servi de type à ma Carte, il s'ensuit que celle-ci doit avoir les fautes de son modele.* Sans doute elle les a, ces fautes, & de plus celles que vous y avez ajoutées. Il n'y a dans tout cela, je pense, aucune imputation contradictoire. Croyez-moi, M. Zannoni, ne vous servez plus de ces malheureux argumens qu'on retorque si aisément contre vous.

Vous ne prétendez point que votre petit Neptune soit un ouvrage sans défauts: nous sommes parfaitement d'accord sur ce point. Il en avoit, assurez-vous, sur-tout un que vous avez corrigé. Vous aviez placé l'Isle d'Aurigny 3′ trop au Sud. Je crains bien qu'en la plaçant à présent par 49.° 50′ vous ne l'ayez mise trop au Nord. Tous les Navigateurs n'ont observé à cette Isle que 49.° 46′ au plus de latitude; & s'il est vrai, comme vous l'assurez, que M. Robertson ait pris des hauteurs méridiennes de Sirius dans le milieu de cette Isle, vous pourriez bien, d'après ces observations, avoir mal conclu la latitude de la même Isle. Je montrerai dans la suite combien cette présomption est fondée. Mais une faute évidente & très grossiere que vous n'avez point effacée, c'est la position de Nantes. Vous avez reculé cette Ville 8′ trop à l'Ouest. Je vous invite à corriger ce défaut, c'en sera toujours un de moins.

Je n'ai, continue M. Zannoni, *aucune justice à attendre de celui qui a eu la mauvaise foi de m'accuser d'être son plagiaire: je ne lui ai pas même l'obligation de m'avoir appris quelles ſont les fautes qui ſans doute me ſont échappées. Il n'a ſu me prêter que celles qui n'y ſont pas.* J'ai prouvé qu'en effet il m'avoit copié : ainſi le reproche qu'il me fait ici d'avoir eu de la mauvaiſe foi retombe naturellement ſur lui. D'ailleurs, ne ſera-t-il jamais équitable ? Quoi ! il voudroit que je lui euſſe montré toutes ſes bévûes dans la petite lettre qu'il m'a forcé d'inſérer dans l'Avant-Coureur. En vérité il n'y penſe pas ; à peine un volume eût-il ſuffi pour remplir cette ennuyeuſe tâche.

On m'a accuſé injuſtement d'avoir copié des plans auxquels je n'ai point eu de part. On a voulu déprimer le petit Atlas maritime des côtes de France qu'on a mal copié, en uſurpant juſqu'au titre que j'avois voulu lui donner. J'ai été contraint de me plaindre de ces deux mépriſes volontaires. Pour ſe défendre on m'a oppoſé des longitudes qu'on n'a point ſoi-même ſuivies, & des originaux qu'on n'avoit point conſultés. On a voulu, en proſtituant honteuſement le calcul, attaquer l'exactitude des variations de l'aîmant, que j'avois inſérées dans ma Carte. Pour déguiſer mon ouvrage, on a ſupprimé dans la copie l'heure & la hauteur des marées, & on y a jetté des ſondes au haſard. Eh ! qui peut avoir fait tout cela ? Le Sieur Zannoni, dont le nom qui ne fait que de paroître, eſt déja l'indice des mauvaiſes Cartes.

TROISIEME SECTION.

Examen de la critique que fait M. Zannoni de la Carte Marine de la Mer Méditerranée, & de celle des côtes des Isles Britanniques, avec des remarques sur quelques-unes des productions de cet Auteur.

MONSIEUR ZANNONI voudroit attaquer l'exactitude de deux Cartes Marines que j'ai dressées, savoir ; le petit Neptune Anglois, & la Carte réduite de la Mer Méditerranée. Je l'invite à continuer de dire du mal de mes ouvrages s'il veut que j'ose en penser quelque bien.

Le premier reproche qu'il me fait, est d'avoir copié dans l'Analyse du petit Neptune Anglois, en y parlant du flux & reflux de la Mer, un passage du Traité de Navigation de M. Bouguer. Ma réponse sera bien simple.

J'avois expliqué plusieurs fois cet excellent Traité à de jeunes Marins. Il n'est donc pas étonnant, qu'occupé ensuite d'autres objets, je me sois servi, à peu près des mêmes termes, pour exprimer les mêmes idées. Je m'apperçus de cette ressemblance d'expressions avant la publication de mon analyse, mais il étoit trop tard pour la faire disparoître, & je m'abstins avec d'autant moins de peine d'y suppléer, que la remarque dont il s'agissoit appartenoit depuis un tems immémorial au Public, & non en particulier à M. Bouguer. Cependant parmi quatre-vingt-dix-huit mots que j'emploie en cet endroit, il en eſt dix-ſept dont M. Bouguer ne ſe ſert pas ; & il s'en trouve d'ailleurs dans le paſſage analogue de cet Auteur cinquante-quatre dont je ne fais point uſage : n'en étoit-ce pas aſſez pour empêcher que la reſſemblance ne fût auſſi parfaite que le veut faire entendre mon Adverſaire ?

Il donneroit du reſte ici beau jeu à qui ſe permettroit de faire la recherche des divers magaſins d'où il a compilé tous les lambeaux dont eſt composée ſa Diſſertation ; mais cela n'auroit aucun rapport à ma Carte des côtes des Iſles Britanniques dont il s'agit maintenant. Je me contenterai donc de remarquer que ſi l'on ôtoit de ſon ouvrage de tels lambeaux, qui ſont un contraſte choquant avec ſes phraſes obſcures remplies de barbariſmes *, ſi l'on en effaçoit encore les vûes louches, les déciſions plus que tranchantes, & les injures triviales qui y ſont entaſſées, il ne s'y trouveroit plus rien.

Le reſte de l'analyſe du petit Neptune Anglois n'eſt, ſelon lui, qu'une rapſodie de ce qu'on a, dit-il, il y a long-tems. Si l'envie ne lui offuſque point ici les yeux, il faut que ſa vûe ſoit naturellement bien peu perçante. Aurois-je donc lû & médité avec tout le ſoin poſſible les bons ouvrages que les Anglois ont donnés en divers tems, concernant la Géographie de leur pays, ſans en avoir ſu profiter ? Et ne ſeroit-ce pas plutôt que mon Adverſaire manqueroit, & de l'échelle propre à évaluer les connoiſſances

* Qu'eſt-ce, M. Zannoni, par exemple, que des Cartes renflées ou applaties, pag. 2 & 3 de votre Diſſert. ? Que ſignifie le pendule équinoxial ? Que veut dire un ſolide qui eſt un parfait tétragone, pag. 8 ? Qu'eſt-ce que l'élongation du méridien, pag. *id.* ? Que peut ſignifier preſcription aſtronomique, pag. 14 & 15, &c. ?

les plus récentes que j'ai puisées dans de telles sources, & de bonne foi dans le jugement qu'il porte de leur prix, tandis que parmi les plus anciennes même il en seroit, dans le vrai, beaucoup de nouvelles pour lui.

A l'entendre parler de mes matériaux Géographiques, il sembleroit qu'il en eût fait l'inventaire ; sans compter néanmoins les vastes portes-feuilles de divers Savans, qui me sont ouverts au besoin, je crois que j'en ai dix fois plus de propres que lui. Il se flatte de m'avoir donné la premiere de mes Cartes il n'y a pas quatre ans, sans faire attention qu'il n'a jamis eu le moyen de faire des dons, & que je n'ai jamais eu besoin des siens.

Un excellent moyen de blâmer la Carte que j'ai dresséee de la Méditerranée, seroit d'en construire une meilleure : cette espece de satire vaudroit bien mieux que des injures ; mais de vaines déclamations sont bien peu propres à lui faire tort.

On ne croit point un homme qui en contredit un autre, s'il ne prouve ce qu'il avance. Lors donc que mon Adversaire assure que les latitudes que j'ai assignées à Trieste, Pola, Fiumé, Curzola, Cesto, Baba & Gargano n'ont point été observées ; il se met dans l'obligation de montrer sur quoi il fonde cette assertion téméraire ; & tant qu'il ne se sera pas mis en devoir de le faire, il me suffira de lui dire que j'ai de très-bonnes preuves de ce que j'ai avancé.

Se récriera-t-il que ma Méditerranée est *pleine de noms défigurés, de Ports transposés loin des rivages, de fausses positions qui n'ont ni choix, ni forme, ni régularité* ; je lui demanderai ce que ce peut être que des positions qui n'ont ni forme, ni régularité; & ce que peuvent en un mot ses accusations vagues contre la Carte qu'il prend à tâche de déprimer?

Qu'il dise que la côte de Policastro à Messine doit aller généralement au Sud. J'ai à lui opposer toutes les Cartes Italiennes que je connois sur cette partie, les travaux de M. d'Anville & de M. de l'Isle, & ce qu'on peut regarder ici comme plus fort, une Italie de lui-même en deux demi-feuilles.

Qu'il dresse, s'il le juge à propos, une Carte où il fasse ainsi courir cette côte, & dans laquelle il corrigera les prétendues fautes qu'il m'attribue, & que je ne reconnois pas, le Public éclairé l'accueillera comme ses autres ouvrages.

Je me suis servi d'une nouvelle Carte des environs de Naples. M. Zannoni *n'en croit pas un mot*, parcequ'il ne la connoît pas. Voilà sans doute une bonne raison pour prouver qu'elle ne peut exister. Il ajoute *que le méridien du Château S. Elme de Naples se trouve*, sur ma Carte, *à plus de 40.° de déclinaison de celui d'Anacapri, quoique ces deux lieux aient absolument même longitude.* On ne voit point ce que cela veut dire. La position de Naples, sur ma Carte, est seulement plus orientale de 10′ que celle de la petite Isle de Capri, conformément à la Carte dont je me suis servi.

Il n'entend pas ce que je veux dire par les annales des Marins. Je vais le lui expliquer. Ces annales sont des Portulands, & sur-tout des Journaux de Navigation. Ils m'ont donné la latitude du Cap de Leuca; je préfere ces sources au *Gnomon* très élevé qu'il prétend y avoir été dressé. Et si l'on a réellement exécuté des opérations géométriques aux environs de Naples, il ne m'a pas été poſſible d'en faire uſage, la date qu'on leur attribue faiſant voir qu'elles ſeroient poſtérieures à la confection de ma Carte.

Dans la vûe de lever les deux doutes qui ſe préſentoient au ſujet du gnomon érigé ſur le Cap de Leuca, & des opérations géométriques faites aux environs de Naples, j'écrivis en cette Ville peu après qu'eût paru la Diſſertation de M. Zannoni, à M. de Couſſi ſavant Géometre & habile Naturaliſte, dont le mérite eſt infiniment relevé par ſa profonde modeſtie. Voici une partie de ſa réponſe.

A Capoue, le 8 *Avril* 1764.

» J'étois & ſuis encore en ce lieu de délices ſi funeſte à Anibal, lorſque votre Lettre eſt venue me trouver. J'écrivis *ſubitò* à deux des plus habiles Mathématiciens de Naples; leurs réponſes portent qu'on n'a point dreſſé de Gnomon ſur le Cap de Leuca, & que malgré le ſentiment des Géographes François, on croyoit ici ce Cap moins élevé que 40d. Quoique les travaux des PP. Maire & Boſcovich, entre Rome & Rimini, aient excité l'émulation des Savans de ce pays-ci, ils n'ont pas été aſſez échauffés pour produire des effets ſenſibles. Je ferai cette année un voyage à Veniſe: comme je paſſerai par Padoue, j'y prendrai les informations que vous demandez, &c &c.

Cette Lettre prouve, ce me ſemble, bien nettement que les allégations du Gnomon du Cap de Leuca & des opérations trigonométriques aux environs de Naples, ſont auſſi fauſſes l'une que l'autre.

D'après ce prétendu Gnomon en particulier, mon Adverſaire a du reſte fort mal conclu la latitude; je vais encore lui faire la leçon ſur ce ſujet.

Le Gnomon ayant 1000 parties de hauteur, prenons-le pour ſinus total : les longueurs de l'ombre horizontale de chaque jour à midi, ſeront les tangentes des diſtances apparentes du Soleil au Zénith. Si l'on ajoute 16″ pour la réfraction moins la parallaxe aux quatre premieres diſtances, & 17″ aux deux dernieres, on aura la diſtance vraie du Soleil au Zénith à midi ſur le Cap de Leuca comme dans la Table ſuivante.

Date.	*Longueur de l'ombre.*	*Diſtance du Soleil au Zénith.*		
Le 14 Juillet	335 part.	18.°	31′	31″
15	340 . . .	18	46	58
16	342 . . .	18	53	7
17	344 . . .	18	59	16
18	350 . . .	19	16	41
19	351 . . .	19	20	44

Ce Cap eſt plus oriental que Paris d'environ 16.° $\frac{1}{4}$; comme la déclinaiſon du Soleil alloit en décroiſſant, on ajoutera à celle de midi pour Paris en 1763 ; ſavoir, le 14 Juillet 25″ ; le 15 Juillet 26″ ; le 16 Juillet 27″ ; le 17 Juillet 28″ ; le 18 Juillet 29″ ; le 19 Juillet 30″, & on aura cette déclinaiſon à midi au Cap de Leuca.

Le 14 Juillet	21.°	44′	11″
15	21	34	58
16	21	25	23
17	21	15	26
18	21	5	6
19	20	54	26

Ajoutant à ces déclinaiſons les diſtances du

Soleil au Zénith convenables à chaque jour, on aura les latitudes suivantes.

	40.°	15′	42″
	40	21	56
	40	18	30
	40	14	42
	40	21	47
	40	15	10
Mil. Arith.	40.°	17′	58″

Non-seulement ces latitudes sont en général plus grandes que celles de mon Adversaire ; mais encore les erreurs ne gardent entr'elles aucune proportion. J'ai eu peine à imaginer la possibilité de cette nouvelle ineptie, elle décele une incapacité extrême dans ce genre ; car sans cela comment comprendre qu'il ait pu manquer un calcul si facile, sur-tout d'après des données qu'il a forgées lui-même ! Je l'exhorte à calculer de nouveau, s'il le peut, la latitude d'après la longueur de l'ombre du 15 Juillet & d'après celle du 18, & alors sa méprise lui sautera aux yeux.

De plus, M. Zannoni saura, sans doute, car il ne faut pas être sçavant pour cela, que l'extrémité de l'ombre d'un Gnomon vertical vient nécessairement du bord supérieur du Soleil ; ainsi la hauteur du centre de cet astre, doit être moindre de tout son demi-diametre que la hauteur observée ; ou ce qui revient au même, la latitude doit être plus grande qu'on ne vient de la conclurre de tout ce même demi-diametre, lequel étoit alors de 15′ 48″. Donc la latitude du Cap de Leuca seroit d'après ce Gnomon supposée de 40.° 33′ 46″ & par conséquent plus grande encore que celle de mon Adversaire qui l'étoit déja beaucoup trop, de 18′ 11″, ou bien de 16′ 11″ seulement : car il ignore si profondément jusqu'aux premiers principes de l'Arithmétique, qu'il n'a pu prendre la sixiéme partie des résultats qu'il avoit déja faussement conclus, sans se tromper encore de deux minutes.

Que dira un jour un aussi habile Astronome que le P. Carcani, s'il vient à savoir qu'on met sur son compte à Paris des bévues dont il est absolument incapable ?

On prie aussi M. Zannoni d'enseigner où & en quel tems a paru tout nouvellement ce bel arpentage de l'Isle de Chypre qu'il fait sonner si haut; s'il n'a été rendu public qu'après ma Carte, je n'ai pu en faire usage, & il ne devoit pas m'en faire un crime; s'il n'a point paru du tout, il a encore plus de tort. Il y a long-tems qu'il nous berce de cet arpentage; il en avoit même promis la communication en manuscrit à plusieurs Savans, à qui il a oublié de tenir parole, & l'eût-il au reste publié, il ne mériteroit pas plus de créance que ses autres Ouvrages.

En voilà, je pense, assez pour faire connoître avec quelles armes M. Zannoni m'attaque, suivons-le néanmoins encore sur d'autres objets.

Apprenez, me dit-il, *qu'il y a loin d'un Mathématicien à un Maître de Mathématiques, d'un Géographe à un Dessinateur gagé par les Entrepreneurs des Manufactures Géographiques de la rue S. Jacques.*

Il sembleroit, par son parallele du Mathématicien au Maître de Mathématiques, se proposer de me faire rougir d'un état dont je me tiens au contraire honoré; dans l'obligation où il semble par-là me mettre d'en être en quelque sorte l'Apologiste, je vais remplir cette tâche de mon mieux : mais comme c'est une indiscrétion de parler de soi, même quand on y est forcé, elle sera la plus courte que je pourrai.

Depuis l'année 1748, que j'ai commencé à enseigner les Mathématiques, j'ai la satisfaction de compter dans presque toutes les professions auxquelles ces sciences peuvent être utiles, d'excellens sujets qui reconnoissent devoir en partie leur réputation à mon zèle, à mon application & à ma méthode; & ne me proposant d'autre objet que de concourir au bien public, ce témoignage que je crois pouvoir me rendre, suffit pour me soutenir & m'animer de plus en plus dans mon occupation principale.

C'est d'ailleurs le goût que j'ai pour la Géographie, qui m'a engagé à dresser avec soin, dans quelques momens que je m'étois réservés pour cela, un petit nombre de Cartes.

Je conviens sans peine qu'une partie de ceux qui s'ingerent de montrer les Mathématiques, ne sont point des Mathématiciens, à prendre ce terme dans son acception la plus noble; & je me garde bien de rechercher à quel dégré je pourrois avoir droit à ce nom. Mais où auroit-on pris aussi, que le premier des deux titres doit exclure l'autre. Les exemples nombreux de Maîtres de Mathématiqnes qui ont été admis dans les Académies de sciences, dans le militaire, la marine, &c. & qui s'y sont distingués avec éclat, ne nous fourniroient-ils pas plutôt une preuve démonstrative du contraire? Quel est enfin celui qui ose insulter, par une opposition injurieuse, à un corps si respectable? L'enveloppe cylindrique, le calcul de l'allongement du pendule, le chassis de 64 pieds quarrés, la formule du *maximum* pour calculer la variation de l'aimant, la mauvaise détermination de la latitude du Cap de Leuca, &c. ne laissent point de doute qu'il n'est nullement Mathématicien. Si donc nous ne connoissons pas totalement ce qu'il est, nous voyons du moins clairement ce qu'il n'est pas. De plus, j'apperçois malgré moi, qu'il pourroit bien n'être qu'un esprit inquiet aveuglé par la passion.

Et quant à la comparaison du Géographe au Dessinateur gagé, je me contenterai de lui demander, s'il penseroit que l'indécence dans le discours & un égoïsme perpétuel, peuvent jamais tenir lieu de raisons? S'il n'est pas lui-même le bras droit de la seule *Manufacture géographique* qui soit à Paris ; & même si cette seule ressource qui lui reste ne pourroit pas bientôt lui manquer ? Cette position est certainement très-différente de celle du prétendu *Dessinateur gagé*.

M. Zannoni auroit lieu de se plaindre de moi, si j'oubliois de parler de ses productions astronomiques ; comme je suis bien éloigné de vouloir cacher une partie de sa gloire, je vais m'occuper de cet objet.

J'ai entre mes mains un imprimé de quatre pages *in*-4.° qu'il m'a donné lui-même, & qui a pour titre : *Observations du passage de Venus sur le disque du Soleil faites à Paris à l'Observatoire Royal le 6 Juin 1761, par M. Rizzi Zannoni de la Société Cosmographique de Gœttingue, de celle d'Edembourg & Correspondant de l'Académie Royale des Sciences, &c.* Cette piéce singuliere m'offre beaucoup de remarques à faire.

1.° M. Zannoni n'est point Correspondant de l'Académie Royale des Sciences. La Liste de ces Messieurs qu'on imprime tous les ans dans la Connoissance des mouvemens célestes, en fournit la preuve. Tous les membres de cette célebre Académie le témoigneroient d'ailleurs au besoin, & qui usurpe un pareil titre, ne le mérita sans doute jamais. 2.° Il n'est point non plus de la Société d'Edembourg; j'ai écrit pour m'en assurer à un des membres de cette savante Compagnie. La réponse que j'en ai reçue contient les paroles remarquables suivantes. » Ce » Monsieur-là n'est point de notre Académie; & » même avant votre Lettre nous n'avions jamais » entendu parler de lui *.

3.°. Je serois donc aussi autorisé à croire qu'il n'est point de la Société de Gœttingue, vu que si dans Paris, parmi nos Académiciens, il a osé s'attribuer le titre de Correspondant qu'il n'a pas, à plus forte raison pourra-t-il se dire membre de la Société de Gœttingue, qui subsiste loin de nous & dont on ne publie pas la Liste.

4.° Il ne parut point à l'Observatoire Royal le jour du passage de Vénus. C'est ce que témoignent unanimement tous les Astronomes qui y observerent ce jour-là.

5.° La seconde & la troisiéme pages de l'Imprimé contiennent plusieurs observations d'éclipses des Satellites de Jupiter, faites à l'Observatoire Royal pendant les années 1760 & 1761. M. Zannoni dit les avoir faites avec un Télescope Neutonien de six pieds. Par malheur pour lui, il n'y a point de Télescope Neutonien de six pieds à l'Observatoire.

6.° La quatriéme page contient l'observation de quelques phases de l'Eclipse de Lune du 18 Mai 1761, que M. Zannoni dit avoir faite avec

* *Far from being of our Academy, the Gentleman's name before your letter, Was unnkown to us......* J'ai été bien bon d'écrire pour m'assurer d'un tel fait! ne devois-je pas savoir que le nom des Zannoni n'est pas fait pour aller au-delà de la Mer contraster dans une AListe cadémique.

un excellent Télescope de six pieds ; mais toutes les observations contenues dans cet Imprimé, sont celles que MM. de l'Isle, Messier & d'autres Astronomes, lui ont communiquées & qu'il s'est appropriées.

7.°. Est-il bien vrai d'ailleurs, que M. Zannoni sache faire des observations astronomiques ; & ne ressembleroit-il pas au contraire, à ce Berger à qui Virgile fait adresser par un autre ce reproche.

aut unquam tibi fistula cera juncta fuit ? non tu in triviis, &c.

8.° Au bas de la même page & au sujet du passage de Venus, M. Zannoni renvoie à sa Dissertation intitulée : *Observatio Astronomica transitûs Veneris per discum solarem, &c. in*-8.° Londini, 1761, ajoutant qu'on y trouve une Carte générale d'Europe, dans laquelle il prétend avoir indiqué les lieux qui ont été illustrés par ce célebre passage, &c. mais il n'a, dans le vrai, publié ni Dissertation ni Cartes relatives à cet objet.

Qu'il est véridique & modeste ce M. Zannoni, de prendre le titre de plusieurs Académies dont il n'est pas! d'avoir osé distribuer lui-même à tous venans un Imprimé qui ne contient pas un seul mot de vérité! A-t-il pensé que le Public se laisseroit prendre à de pareilles finesses? S'il est possible que cela arrive par la suite, je prends acte du moins qu'il n'y aura pas de ma faute.

Lorsque M. de l'Isle eut connoissance de cette feuille que M. Zannoni avoit eu l'indignité de publier, il forma le dessein de la dénoncer au Public & de démasquer l'imposture ; il avoit déja écrit une Lettre à ce sujet pour le Mercure de France ; les sollicitations de M. de la Lande & la piété naturelle de M. de l'Isle, le firent changer d'avis ; il pensa qu'il falloit donner à M. Zannoni le tems de revenir de ses égaremens, & ne pas ruiner les espérances d'un jeune homme, pour une faute dont il paroissoit se repentir.

L'événement a fait voir qu'on s'étoit trompé en espérant de le corriger par cette indulgence, & M. de la Lande lui-même a été puni de sa modération par un fait presque semblable dont je vais encore rendre compte.

Madame le Paute, membre de l'Académie des Sciences de Beziers, & déja connue du Public par ses talens dans les Mathématiques, avoit calculé toutes les circonstances de l'Eclipse centrale & annulaire de Soleil, du premier Avril 1764, pour toute l'Europe, & tracé sur une Carte de cette partie du monde ces mêmes circonstances. Le sieur Lattré grava & publia cette Carte en Août 1762. M. Zannoni se brouilla peu après sur les motifs que j'ai rapportés avec cet Artiste, & depuis ce tems il n'a cherché qu'à lui nuire.

Après avoir examiné avec toute l'attention dont il est capable, pendant environ dix-huit mois la Carte de Madame le Paute, il a réuni toutes les forces de son esprit & copié cette Carte célebre ; encore s'il ne l'eût pas défigurée ! mais il falloit cacher un peu son plagiat.

Il a donc tracé l'ombre de la Lune sur une plus petite Carte d'Europe autrement projettée que celle du sieur Lattré ; & dans la vue de faire courir l'ombre un peu plus lentement qu'il ne falloit, il a supposé, peut-être sans le vouloir, le Soleil & la Lune plus éloignés l'un de l'autre qu'ils qu'ils ne le font en effet. Il a renversé les bords de l'ombre lunaire, & appellé supérieur celui qui est réellement l'inférieur, & réciproquement; pour marquer enfin divers doigts, il a ajouté sur sa copie quelques lignes qui ne gardent entr'elles aucune proportion, parce que Madame le Paute n'avoit pas jugé à propos de les tracer, & que M. Zannoni ne pouvoit pas savoir de quelle maniere on devoit s'y prendre.

Si au lieu de nous rendre, en la défigurant, la copie d'une Carte que nous possédions, sans y joindre aucune addition utile, il eût marqué exactement sur une Mappemonde, toutes les circonstances d'une si curieuse Eclipse pour toute la surface de la terre, depuis le premier instant de l'immersion jusqu'au dernier de l'émersion, il auroit réellement fait plaisir au Public & obligé les Navigateurs; mais cette tâche étoit trop au-dessus de ses forces, & en copiant la Carte du sieur Lattré, il servoit d'ailleurs sa vengeance.

Celui-ci voyant qu'on lui ravissoit, par ces contrefactions, le prix de ses avances, & qu'on ôtoit à Madame le Paute le prix de ses travaux, obtint de M. le Lieutenant Général de Police, en qualité de Commissaire du Conseil pour la Librairie, une Ordonnance en vertu de laquelle il fit saisir chez le sieur Desnos les Planches des copies de la Carte de l'Eclipse & celles du petit Neptune François. Le sieur Desnos, qui jugeoit sa cause mauvaise, déclina cette Jurisdiction, sous prétexte d'incompétence, & demanda au Parlement main-levée provisoire de la saisie. On sollicita alors le sieur Lattré d'abandonner cette affaire, qui avoit été mal commencée.

On lui repréſenta que ſa Partie adverſe le ſieur Deſnos, avoit eu pluſieurs procès, & que quoiqu'il n'eût pas toujours été heureux dans chacun, cela n'empêchoit pas qu'il ne fût parvenu par ce moyen à une connoiſſance aſſez étendue des affaires de ce genre, tandis que n'ayant, quant à lui, jamais eu aucun démêlé de cette eſpece, il devoit s'attendre à eſſuyer beaucoup de longueurs & de tracaſſerie de cette part. Et quoiqu'il fût évident que le Jugement final lui devoit être favorable, il donna lui-même, pour ſa tranquillité & pour ne plus penſer à cette affaire, la main-levée proviſoire qu'on lui demandoit.

Les ſieurs Deſnos & Zannoni firent retentir de toutes parts leur prétendu ſuccès. En réclamant contre l'incompétence du Tribunal, ils avoient pourtant donné à tout le monde ſujet de penſer très-mal de leur Cauſe ; & comme la choſe ſautoit aux yeux, ils ont diſtribué, pour en prévenir les ſuites, une feuille d'impreſſion intitulée : *Eclairciſſemens hiſtoriques ſur un fait littéraire*. Libelle contre M. de la Lande, l'un des membres les plus diſtingués de l'Académie Royale des Sciences. L'on dit dans cet Ecrit, que *M. Zannoni eſt peu fait pour être Copiſte ; qu'il n'a pas beſoin de puiſer dans le fonds d'autrui, étant plus riche par lui-même, que ceux qui l'accuſent de plagiat*, & s'adreſſant enſuite directement à M. de la Lande, on ajoute : *Eſt-il décent que vous ſortiez de ce repos philoſophique, pour troubler celui d'un homme qui plane ſur une carriere où vous marchez*. Je me trompe, ſi M. Deſnos parle ici ſérieuſement. Quoi qu'il en ſoit, que mon Adverſaire ouvre les yeux, & il verra tous les Auteurs ſans talens faire de vains efforts avec leurs aîles de plomb, pour s'élever au-dessus de leurs Maîtres, sans s'appercevoir que bien loin de cesser par-là de ramper, ils ne font que s'approcher plus près de terre.

Quant aux calculs de l'Eclipse de Soleil que vous prétendez être copiés d'après ceux de Madame le Paute, continue-t-on de dire à M. de la Lande, *vous êtes convaincu d'avance, par le fait tout au moins de témérité.* On sera, en effet, toujours téméraire en pareil cas; des calculs qui n'ont pas été faits, ne sauroient être communiqués. Que M. de la Lande soit donc bien sûr que ni lui ni personne ne les verra jamais : car comment comprendre qu'un homme qui ne peut calculer la latitude d'un lieu d'après des hauteurs du Soleil, chose la plus facile qui se présente en Astronomie, calcule la projection, d'une Eclipse de Soleil, qui est une des choses les plus difficiles de cette science sublime.

Vous prétendez aussi, continue-t-on, s'adressant encore à M. de la Lande, *m'interdire la publication d'une Carte que j'ai annoncée, du passage de Venus de 1769; & cela, parce que vous avez donné, dites-vous, des détails sur ce passage dans les Mémoires de l'Académie. Je vous assure que j'ignore absolument ce que vous en avez dit.* N'en jurez pas, M. Desnos, on vous croit bien sans cela : ces Mémoires ne sont point du-tout faits pour vous, & c'est avec dégoût que je suis contraint d'observer qu'ils le sont même très-peu pour celui aux secours de qui vous avez tant de droits, lequel ne fait gueres que contrefaire les Ouvrages d'autrui, & qui, depuis que la Carte de M. de la Lande ſur le paſſage de Venus de 1769, eſt publique, vous en a déja fait annoncer une pareille.

On apperçoit dans cette feuille d'impreſſion, que le ſieur Zannoni fut importuner pluſieurs Aſtronomes pour avoir d'eux-mêmes des certificats qui atteſtaſſent que ſa Carte de l'Eclipſe n'étoit point la copie de celle de Madame le Paute. Il dit que MM. d'Alembert, le Monier & Fontaine l'ont témoigné. Je ſais poſitivement que ces Savans illuſtres ne ſe ſont point mêlés de cette affaire-là ; qu'ils n'ont donné à ſa Carte de l'Eclipſe d'autre approbation que celle d'un remerciment de politeſſe qu'on ne ſauroit refuſer, & qu'on accorde ſans examen à celui qui préſente un Ouvrage ; & que ſi MM. de l'Iſle & Pingré, ces Aſtronomes habiles, lui ont à la vérité donné des certificats, qu'il a depuis rendu publics par la voie de l'impreſſion, en en abuſant, ces titres qu'il prétend lui être ſi favorables, ne ſerviront au contraire qu'à fortifier le jugement déſavantageux que le Public a prononcé contre lui.

Et afin qu'on ne croie pas que j'aie pris à tâche d'ôter à ces certificats la force que M. Zannoni leur prête ; voici l'interprétation qu'en ont faite les hommes célebres qui les avoient donnés.

Déclaration de M. de l'Iſle, Doyen de l'Académie des Sciences & des Profeſſeurs au Collége Royal, Aſtronome-Géographe de la Marine.

» Je ſouſſigné, déclare que M. Zannoni a
» eu tort d'abuſer d'un certificat que je lui ai
» donné le 7 Février 1764 ; pour compoſer un
» libelle contre M. de la Lande & M. Lattré :

» mon certificat ſuppoſoit évidemment que M. » Deſnos ou M. Zannoni préſenteroient à l'A- » cadémie les calculs & Mémoires ſur leſquels » M. Zannoni prétendoit avoir dreſſé ſa Carte » indépendamment de celle de Madame le » Paute, mais il ne les a point produits, & par- » là même *il a rendu plus que douteuſe ſa pré- » tention à ce ſujet.* On ne ſauroit décider que » M. Zannoni ſoit véritablement Auteur de la » Carte qu'il a donnée, qu'en voyant les calculs » ſur leſquels il l'a dreſſée. Ce que je certifie » comme une choſe dont on ne ſauroit douter. » A Paris, ce 10 Mai 1764, Signé *de l'Iſle*, » Doyen des Profeſſeurs Royaux & de l'Acadé- » mie des Sciences, &c.

Lettre de M. Pingré, de l'Académie Royale des Sciences, à M. de la Lande de la même Académie.

MONSIEUR,

» Je ſuis réellement très-fâché de l'uſage que » M. Zannoni a fait de mon certificat : ce n'é- » toit point du-tout mon intention de lui four- » nir matiere de compoſer contre vous le li- » belle qui occaſionne vos juſtes plaintes. Vous » me demandez ſi je crois ſincérement que M. » Zannoni ait fait les calculs néceſſaires pour » tracer ſur une Carte d'Europe la projection » de l'Eclipſe de Soleil du premier Avril der- » nier. Je n'ai rien certifié à ce ſujet : j'ai déclaré » ſimplement que les deux Cartes dont il s'agiſ- » ſoit, me paroiſſoient dreſſées ſur des principes » différens. *Quant aux talens de M. Zannoni,* » *je ne les connois pas aſſez pour en décider,*

» Je n'ai point vu ses calculs sur cette Eclipse; » il les produira sans doute ; son honneur y est » engagé. S'il ne le fait pas , ce ne sera pas » vous, ce sera lui-même qui convaincra le Pu- » blic d'avoir construit sa Carte, *ou sur les cal-* » *culs d'autrui*, *ou même sur une Carte qui lui* » *étoit absolument étrangere* «. Je suis avec l'e- » stime & l'attachement le plus respectueux, » Votre, &c. Signé *Pingré.*

Montrez donc , Monsieur, à l'Académie & au Public ces calculs qui ne sont point faits & qui même à présent viendroient trop tard : ou plutôt incapable comme vous l'êtes d'un tel travail, consentez de bonne grace à passer pour Plagiaire , de l'aveu même de vos protecteurs ; & si vous pouvez encore engager quelqu'un à faire ces mêmes calculs pour vous, engagez-le aussi à choisir pour cet effet des Tables qui les fassent mieux accorder avec votre Carte, que les longitudes que vous m'avez opposées ne s'accordent avec votre petit Neptune François.

M. Zannoni voudroit bien, sans en avoir acquis le droit par l'étude, insinuer que les nouveaux calculs ne sont bons à rien; mais ne craint-il pas plutôt de faire penser qu'il n'est pas assez instruit pour en sentir l'utilité réelle.

Qui ignore, en effet, que ces calculs furent dès leur naissance le germe des plus brillantes découvertes géométriques & physiques, & qu'ils ne cesseront d'en fournir, tant qu'il y aura des Mathématiciens capables de les manier avec adresse?

Il ne pensoit pas ainsi , lorsqu'il présenta à l'Académie il y a quelques années des opérations pour la figure de la terre, qu'il prétendoit avoir été faites en Italie; mais il réussit mal dans ſes premieres tentatives auprès de cette illuſtre Compagnie ; il ne put obtenir aucune approbation, & il n'a jamais oſé faire imprimer ſon Mémoire.

De quoi vous aviſiez-vous, M. Zannoni, de bégayer devant le Public, ſur une ſcience que vous n'entendez point du tout : il faut l'avouer, il eſt entré bien peu de réflexion dans un tel procédé.

Si vous n'avez pas une eſtime réfléchie pour les hommes célébres qui excellent dans cette partie, ayez au moins pour eux avec le vulgaire une eſtime ſur parole ; & conduiſez-vous en cela ſans examen ſur le bruit de la ſeule renommée.

On voit dans le Journal des Savans, Juin 1764, ſecond vol. l'annonce d'un Traité latin de Géographie-Mathématique en deux petits volumes *in*-8.° dont voici le commencement du titre : *Univerſæ Geographiæ principia theoretica & pratica*, *&c.* Auct. J. A. B. Rizzi-Zannoni, &c. à Londres chez André Duri dans S. Martin's Lahn. 1764.

J'aurois deſiré ſavoir où l'on trouve des exemplaires de cet Ouvrage à Paris. M. Zannoni qui ne l'a point indiqué, s'intéreſſe bien peu au profit de ſon Editeur ! Un Anglois ſavant & diſtingué, a bien voulu écrire à Londres pour m'en procurer un. M. André Duri a donné pour réponſe, la liſte des Cartes qu'il vend avec les titres de celles qu'il ſe propoſe de publier dans peu, & il a aſſuré qu'il n'avoit point entendu parler de l'Ouvrage intitulé : *Univerſæ Geographiæ* de M. Zannoni.

Mon Adverſaire, par cette nouvelle ſuppoſition, auroit-il pour objet, en annonçant les projections astronomiques dans le titre de cet Ouvrage, de faire croire qu'il les entend, afin qu'on pût penser que sa Carte de l'Eclipse du premier Avril 1764, n'est point la copie de celle de Madame le Paute? Seroit-ce de persuader qu'il est capable d'écrire sur un tel sujet? Quel que soit son but, l'inexistence de l'Ouvrage fait retomber toutes ses prétentions à un tel égard dans le néant.

On trouve dans le Journal étranger de Septembre 1762, un article *sur la projection* STEREO-ORTOGRAPHIQUE *de la Carte d'Espagne par M. Rizzi-Zannoni*, qui emploie toujours de grands mots pour dire de petites choses. Les premieres analogies qui s'y trouvent sont exactes, mais elles étoient déja publiques, quoiqu'il les donne comme de lui. (*Mem. de l'Acad. an.* 1744.)

Pour parvenir à donner une échelle constante à toutes les parties d'une Carte projettée par ces analogies, & qui n'est dès-lors absolument susceptible que d'une échelle variable, il veut que l'œil situé dans l'axe de projection, soit ou plus proche ou plus éloigné du centre de la contrée à projetter que n'est le point antipode de ce centre. Mais comme il faut essentiellement dans ce cas que les élemens de la surface à projetter, soient semblables aux élémens correspondans de la surface de la Carte, on n'y sauroit absolument assigner d'autre point de la sphere, où l'on puisse placer l'œil, que l'antipode du centre de projection : & l'attribution d'une telle propriété à tout autre point, est nécessairement un paralogisme. Cet inconvénient énorme étoit extrêmement important à éviter. Bien loin que la pratique que suit ici mon Adversaire, dût rendre

la

sa Carte plus commode ou plus précise ; au contraire la loi que suivroit alors la variation de l'échelle seroit plus compliquée que dans la méthode admise, & les méridiens ne couperoient plus les paralleles à angles droits. Voilà à quoi l'on aboutit lorsqu'on touche aux anciennes méthodes sans avoir des lumieres acquises suffisantes.

» *D'après quantité de positions*, continue-» t-il, *tirées par une scrupuleuse combinaison* » *de résultats astronomiques & d'opérations* » *géographiques & trigonométriques, depuis* » *Paris, Greenwich & Strasbourg jusqu'à* » *Brest, Marseille & Collioure, parmi lesquels* » *il se trouve plus de soixante points inter-* » *médiaires & déterminés par de semblables* » *moyens, j'ai découvert* PAR LA FORMULE » DU MAXIMUM * *si connu de tous les Géo-* » *metres, une analogie frappante entre l'em-* » *placement de tous ces points & le dégré de* » *courbure résultant des propriétés de cette pro-* » *jection ainsi rectifiée* «.

Tout cela, M. Zannoni, n'est qu'une pure charlatanerie. Votre projection que vous appellez rectifiée, en est au contraire une estropiée ; & si la surface de la callotte à représenter venoit à n'y être plus sphérique, le lieu de l'œil ne sauroit de plus alors être fixe comme vous le supposez, qu'en altérant la ressemblance nécessaire à observer entre les élémens à représenter & les élémens homologues représentans.

J'apprends dans ce même article, que M. Cousin a trouvé une formule différentielle, facile, mais longue à intégrer, pour projetter sur

* Que cette formule *du maximum* que M. Zannoni n'entend point, est commode pour lui, il lui fait dire tout ce qu'il veut !

un Plan un point quelconque de la ſurface de la terre, ſuppoſée applatie vers les pôles. *Si je ne parviens pas*, fait-on dire à ce Géometre, *à ſimplifier les opérations qu'elle exige pour paſſer à la pratique, je crains fort de ne trouver jamais de Géographe qui en veuille faire uſage.* Je ne ſaurois que répondre de précis à une aſſertion qui ſe rapporte à une formule qu'on ne donne point; tout ce que je remarquerai à ce ſujet, c'eſt que la formule de M. Mac-Laurin, pour calculer les latitudes croiſſantes, qui ſe trouve dans ſon Traité des fluxions, eſt extrêmement ſimple, & que le cas dont M. Couſin s'occupe, ne paroît pas plus compliqué. Tout cela, je le ſais, eſt un myſtere impénétrable pour M. Zannoni; mais c'eſt à M. Couſin & non à lui que je propoſe cette obſervation.

M. Zannoni a enſuite la modeſtie de dire qu'*il croit être le ſeul qui, depuis Guillaume de l'Iſle, ait fait un uſage auſſi direct des Obſervations aſtronomiques dans la conſtruction des Cartes terreſtres & maritimes*; mais il ne nous apprend pas dans quelles Cartes il a fait cet uſage direct des Obſervations. Ce qu'il y de certain, c'eſt que le Public n'en a point encore reçu de telles de lui; il en ſera ſans doute de la Carte d'Eſpagne qu'il a déja annoncée depuis deux ans, & qui ne paroît néanmoins pas, comme de tant d'autres dont il ne ceſſoit d'ennuyer ci-devant ceux qui vouloient bien l'écouter, & on auroit peine à croire que mon Adverſaire eût eu l'audace de s'égaler à Guillaume de l'Iſle, à ce réformateur de la Géographie, s'il étoit plus rare de voir de vains pygmées ſe placer au niveau des grands hommes.

L'irrégularité de la réfraction, dit M. Zannoni, *fait que nous ne connoissons qu'à deux ou trois minutes près, la latitude de plusieurs Villes où même on observe assiduement.* La réfraction est, à la vérité, assez irréguliere vers l'horison; mais ce n'est pas aussi vers ces points du Ciel qu'on observe les astres, pour conclure les latitudes géographiques. S'il y a donc une Ville dans le monde où l'on observe assiduement, & où la latitude soit aussi mal déterminée qu'il le dit, ou les instrumens qu'on y emploie ne valent rien, ou les Observateurs y sont d'une mal-adresse qui n'est comparable qu'à celle de M. Zannoni pour qui une quantité de 13 pouces est insensible au compas.

Après tout cela, mon Adversaire prétend conclurre les longitudes Géographiques d'après les passages observés de Vénus & de Mercure sur le disque du Soleil; conclusion qui demanderoit pourtant des calculs aussi difficiles que l'étoient peu ceux qu'exigeoit la latitude du Cap de Leuca, & qu'il n'a pu faire; ainsi jugez comme il doit réussir dans ce travail. Ce n'est pas encore tout. *La Géographie & la Navigation*, dit-il, en soutenant toujours le même ton de modestie, *pour arriver au dernier terme de leur avancement, n'attendent plus qu'un Géographe qui soit Astronome & Géometre. Le Géographe* HOMME DE GENIE, *qui verra les limites de son Art, appellera les autres sciences à son secours. Je me suis proposé l'union de tous ces moyens, dans la construction de ma Carte d'Espagne.* O vous qu'on avoit de tous les tems regardé comme de dignes Architectes de cet Edifice immense, & qui pensiez que pour le monter à son comble, il falloit les travaux de tous les siécles futurs, désabusez-vous; c'est l'ouvrage de Zannoni seul. Aux yeux de ce géant, vous n'êtes que des moucherons qu'à peine il apperçoit; mais quittons ce badinage que M. Zannoni pourroit bien prendre pour sérieux.

Tous ces moyens, dit-il, *m'ont donné des preuves bien constatées, qui pourront servir de mémoires utiles pour perfectionner la Géographie & la Navigation*. Eh non, M. Zannoni, ces deux sciences utiles n'attendent rien de vous; vous n'êtes capable que d'y ajouter des erreurs: témoin l'enveloppe cylindrique, les sondes jettées au hazard, &c.

Les emplacemens résultans des mesures combinées avec ceux que j'ai tirés des Observations, ont, dit-il, *déja donné lieu à plusieurs dissertations dont j'ai fait part à l'Académie*. Il entend l'Académie Royale des Sciences, & il y a beaucoup d'apparence qu'il n'en est rien; les efforts qu'il a faits pour ravir à quelques membres de cet illustre Corps, quelques fruits de leurs travaux, lui ayant fermé depuis long-tems l'entrée d'un sanctuaire si respectable, où d'ailleurs nous ne voyons pas qu'il ait jamais obtenu d'approbation pour aucun de ses Ouvrages.

Voici, M. Zannoni, le résumé de ce que j'avois à dire sur votre prétendue Dissertation. On vous a bien mal servi, si l'on vous a conseillé de publier une brochure de laquelle l'esprit de raisonnement qui doit régner dans toute dissertation, est absolument banni.

L'humeur ou l'envie vous ont conduit à critiquer l'usage que j'ai fait dans mes Cartes de l'applatissement de la terre; mais cette disposition d'esprit ne donnant pas des raisons, il n'est pas étonnant que vous ayiez mal réussi. Ne trouvez donc plus mauvaises des latitudes croissantes, par la seule raison qu'elles n'auront pas été calculées d'après votre enveloppe cylindrique. N'avancez plus comme un résultat d'expériences bien sûres, que contre ce qu'on a observé de tous les tems, le papier ne se retire pas à peu près uniformément. Calculez mieux les accroissemens du Pendule, & en particulier ne parlez plus d'un chassis de 64 pieds quarrés, dans l'hypothese de l'applatissement de la terre que vous ne sauriez ni calculer ni tracer. N'accordez plus aux observations & aux mesures une précision à laquelle il est impossible d'atteindre, & ne feignez plus de prendre le parti de ces mesures, en les frondant en effet dans vos Ouvrages.

Ne m'opposez plus de fausses autorités, &, s'il est possible, ne tombez plus en contradiction avec vous-même, & ne faites plus de mauvais raisonnemens.

Si la satire est toujours un besoin pour vous, ayez du moins l'adresse de ne la diriger que sur ceux que vous pouvez atteindre, & de ne pas donner en même-tems trop de prise sur vous; en vendant deux fois la copie d'une même Carte, en supposant une érection de Gnomon & des opérations géométriques qui n'eurent jamais lieu : en vous appropriant des travaux astronomiques auxquels vous n'avez nulle part, en vous parant d'ouvrages que vous n'avez jamais faits, en vous disant de diverses Académies dont vous n'êtes pas; en vous donnant pour habile dans la Géométrie, & portant à tort & à travers des jugemens sur cette science sans y rien entendre ; en gâtant les projections de vos Cartes sous prétexte de les perfectionner ; en citant des originaux que vous n'avez point consultés, & en vous étayant d'autorités que vous n'aurez pas suivies.

Comme on ne peut gueres espérer de ne vous voir publier que les petites productions dont vous serez le pere, cessez d'affecter du mépris pour les Ouvrages que vous aurez copiés, ou ne vous permettez pas du moins d'indécentes invectives contre leurs Auteurs. N'essayez plus de faire accroire au Public par de vaines déclamations, que des Cartes qu'il a trouvé bonnes, sont néanmoins réellement mauvaises. N'oubliez jamais que si ce même Public compte les productions, il sait aussi les peser ; & au lieu de briguer sans cesse des témoignages & des attestations pour en abuser ensuite par de fausses interprétations & pour les voir rétracter par leurs auteurs, attachez-vous à n'avoir plus rien à redouter de la vérité.

Défaites-vous enfin de cet orgueil insupportable & si déplacé, qui vous représente à vos propres yeux, non-seulement comme l'émule des plus grands Géographes qui vous ont précédé, mais encore comme le génie le plus distingué & l'honneur même du siécle où la Géographie a reçu les plus grands accroissemens. Pensez plutôt que si la postérité doit y remarquer votre nom, ce ne sera qu'en le comparant à ces champs fertiles où croissent pourtant des plantes parasites ; elle pourra dire qu'il eut tout à la fois ses Voltaire & ses P*** ses d'Anville & ses Ant. Rizzi-Zannoni.

P. S. J'avois présumé, pag. 62, que M. Zannoni pourroit bien n'être pas de la Société Royale de Gœttingue. Cette présomption vient de se changer en certitude. La crainte d'être démenti à chaque moment l'a empêché de prendre souvent le titre de Correspondant de l'Académie Royale des Sciences, & celui de Membre de la Société d'Edembourg : mais il se dit partout, & dans tous ses Ouvrages, de la Société Royale de Gœttingue, sans avoir été contredit jusqu'à présent. Cette effronterie soutenue me persuadoit moi-même qu'il avoit droit de prendre ce titre d'honneur, mais une Lettre de M. Kœstner, Secretaire de cette savante Compagnie, datée du 21 Avril 1764, dont fut chargé un Voyageur, qui a fait, sans doute, tout le tour de l'Europe avant de passer à Paris, puisqu'elle n'a été remise à M. de la Lande, à qui elle est adressée, que le 29 Mars dernier : cette Lettre vient de nous assurer que *M. Rizzi-Zannoni n'est point Membre de cette Académie.* Ainsi il sera désormais obligé, s'il a le courage de continuer à vivre parmi nous, de ne se nommer que M. ZANNONI, & de n'y plus accompagner son nom d'aucun titre honorable, l'ayant déja fait assez long-tems pour engager une Nation qui est vive & gaie à se moquer de lui.

Plusieurs Lecteurs auront vraisemblablement trouvé de l'amertume dans quelques endroits de cet écrit. Ils n'y auroient trouvé que de la modération s'ils eussent auparavant pris lecture de l'ouvrage mal-honnête, paîtri de mensonges & d'absurdités, qui y a donné lieu. A l'égard de M. Zannoni, il n'aura pas de peine à s'appercevoir qu'on y a eu pitié de lui & de ses travaux. Mais lorsqu'on a autant d'avantages qu'il m'en a donné, on peut aisément en céder une partie, sauf à la reprendre ensuite si cela est nécessaire. Je l'invite en ce cas à dire la vérité, si toutes fois il peut la dire, encore vaudroit-il mieux qu'il se tût, & qu'il abandonnât une guerre qu'il a eu la témérité de me susciter, & où il n'y a que des coups à recevoir pour lui.

ERRATA.

N. B. Il y a plusieurs incorrections dans le style que des occupations indispensables ne m'ont pas permis de faire disparoître.

Page 4, ligne derniere, olution *lisez* solution
Pag. 5, lig. 26, haque *lis.* chaque
Pag. 31, lig. 26, directement ni indirectement *lis.* directe ni indirecte
Pag. 62, dans la note, unnkown *lis.* un kno wn
Id. lig. 5, A Liste cadémique *lis.* Liste Académique
Pag. 68, lig. 25, faite *lis.* fait